案例研究方法的应用

Applications of Case Study Research 3Ed

第**3**版

罗伯特·K.殷（Robert.K.Yin） 著

周海涛　夏欢欢　译

重庆大学出版社

案例研究方法的应用,作者:罗伯特·K.殷。原书英文版由 Sage 出版公司出版。原书版权属 Sage 出版公司。本书简体中文版专有出版权由 Sage 出版公司授予重庆大学出版社,未经出版者书面许可,不得以任何形式复制。

版贸核渝字(2012)第 160 号。

图书在版编目(CIP)数据

案例研究方法的应用/(美)殷(Yin,R.K.)著;

周海涛等译.—3 版.—重庆:重庆大学出版社,2014.9(2022.12 重印)

(万卷方法)

书名原文:Applications of Case Study Research

ISBN 978-7-5624-8228-4

Ⅰ.案…　Ⅱ.①殷…②周…　Ⅲ.社会科学—研究方法　Ⅳ.C3

中国版本图书馆 CIP 数据核字(2014)第 109587 号

案例研究方法的应用

罗伯特·K.殷　著

周海涛　夏欢欢　译

策划编辑:雷少波　林佳木

责任编辑:雷少波　　版式设计:雷少波

责任校对:秦巴达　　责任印制:张　策

*

重庆大学出版社出版发行

出版人:饶帮华

社址:重庆市沙坪坝区大学城西路 21 号

邮编:401331

电话:(023) 88617190　88617185(中小学)

传真:(023) 88617186　88617166

网址:http://www.cqup.com.cn

邮箱:fxk@ cqup.com.cn(营销中心)

全国新华书店经销

重庆华林天美印务有限公司印刷

*

开本:940mm×1360mm　1/32　印张:8.375　字数:216 千

2014 年 9 月第 1 版　2022 年 12 月第 7 次印刷

ISBN 978-7-5624-8228-4　定价:45.00 元

目 录

第 I 部分　绪　论

第 II 部分　描述性案例研究

材料框
目录

作者
简介

罗伯特·K. 殷　COSMOS 公司总裁。COSMOS 公司是一家从事社会科学应用研究的公司,在过去的几十年中,该公司成功完成了联邦、州、地方机构以及私人基金会委托的几百个研究项目。本书中所引述的众多案例研究实例,均出自于 COSMOS 公司的研究项目。

除了 COSMOS 的研究项目,殷博士还协助了一些其他的研究团体,帮助培训田野研究小组成员或设计研究方案。近期参与的一个项目是联合国发展项目,另一个任务是指导哥本哈根大学的博士生。目前,殷博士还被美国大学国际服务学院(华盛顿特区)授予本区杰出学者称号。早期,他曾以访问学者身份为美国审计总署研究方法部门提供服务,以客座副教授身份任教于麻省理工学院都市研究与规划系。

殷博士发表了一百多篇专著和论文,他的第一本有关案例研究方法的专著《案例研究:设计与方法》,目前已出版 5 个版本。他编撰过两个案例研究文集(Yin,2004,2005),最近又出版一部新的有关质性研究方法的著作(Yin,2011)。殷博士在哈佛大学历史系获得学士学位,后就读于麻省理工学院,获得脑认知科学博士学位。

前言

案例研究是社会科学研究的一种重要形式,案例研究方法是社会科学研究者或研究团队常考虑运用的方法之一。其他的研究方法有:调查、实验、准实验、运用定量模型分析档案数据和历史资料,以及质性研究(如民族志)等。根据实际情况需要,案例研究方法可以单独使用,也可以与其他研究方法结合使用。不同的研究方法之间可以优势互补。本书所述的案例研究方法的应用,不涉及作为教学工具使用的案例学习法。①

需要指出的是,案例研究方法被广泛运用,但很少见到相关的方法论指导。

案例研究涵盖各种主题,如社区研究、教育、公共卫生、经济与工业、公共政策和公共管理、社会和社会问题及争议等。不仅如此,案例研究还在临床(医学)研究和传记研究中一直发挥重要功用,包括对婴儿、儿童、青少年和家庭的研究。

在评估研究中,也常常开展对具体计划、项目和倡议的案例研究。评估时,案例研究一般被用来记录和分析实施过程。不过,正如本书一些应用实例所证实的,案例研究也能够并已用于记录和分析干预的结果。这些案例包括由联邦机构发起的项目或由私人基金会资助的项目。

与案例研究广泛使用所不相称的是,案例研究几乎在所有社会科学研究方法中受到的关注与指导最少,方法论文献对这部分内容也很少深入涉及。大学的研究方法课程更倾向于将

---

① 比如法学院教某个法律条款,然后提供一个案例进行分析。本书中的案例研究应该更多指对这个研究方法本身的研究,与案例学习法是有区别的。——译者注

案例研究归于另一个专题——质性研究,实际上质性研究应是另一种不同的方法(Yin,2011b)。同时,尽管对案例研究方法本身的研究也(令人意外的)经常出现在众多主流的学科专业期刊上,但还没有跨学科或者跨专业的期刊或多或少地关注到案例研究方法。

不仅如此,有关社会科学一般方法和评估研究的特定方法的通用教科书中,给案例研究的地位和评价都并不高。

我们需要认识到,如果对案例研究方法的讨论过于简略,很可能会产生误导——典型的现象是,将案例研究与不太理想的准实验设计相混淆。可以说,案例研究有别于任何准实验设计,有其独特的研究范式和理论基础。

本书的目的和范围

《案例研究方法的应用》一书试图在一定程度上填补上述空白。本书提供了大量案例研究及评估的应用实例。从引导角度出发,本书在呈现案例应用作为具体例子时,将提及方法论问题或其特性。

本书包含 21 个应用案例,其中 18 个(除了第 7 章和第 10 章)来自笔者本人设计或开展的研究。通过接触这些具体的应用案例,有经验的研究者和初入此道的学习者都能在自己的研究中更好地仿效这些技术和原则。本书除第 3 章含 5 个应用案例、第 8 章含 3 个应用案例、第 10 章含 2 个应用案例外,其余各章都将一个应用案例单独作为一章。

本书的姊妹篇《案例研究:设计和方法》——第 1 版出版于 1984 年,目前已是第 4 版(Yin,2009a)①,该书充分讨论了案例研究方法设计的原则和程序,引用了大量期刊和书籍中提供的即便不著名也是众多周知的案例研究。但是,姊妹篇中不包含

① 这是作者写作时的情形,现在该书已出版至第 5 版,并且即将由重庆大学出版社出版中文版(万卷方法)。——译者注

本书中提供的应用实例和现实案例。

同时,案例研究方法应用和说明性例子的内在本质在于其特定性。因此,任何特定的读者面对不同的案例应用实例,会产生不一样的兴趣点。一些案例可能与你手头正在开展或即将开展的研究项目直接相关,而其他案例则可能与你目前的研究无任何联系,且涉及晦涩难懂的专业词汇。

鉴于此,为使本书尽可能引人入胜,对尽可能多的研究者有所帮助,笔者在编著本书时运用了两种策略:第一,本书纳入许多学科领域的多种实例,以尽可能使每个读者都能至少发现一个与其正在进行的研究有直接关联的例子;第二,这些实例经过组织,涵盖不同的方法论,这些方法论为你在开展案例研究时常遇到的问题提供解决方法,可以考虑到它的多样性。

本书中案例应用的多样性

首先,本书包含关于地方社区生活和公共服务的案例应用。这类题材一直是实地研究常见的主题(Marwell,2004;Small,2006;Walker & McCarthy,2010)。本书中的案例涉及社区组织(第5章和第6章)、消防服务和地方执法(第2章和第14章)、了解地方服务创新如何例行化(常态化)或永续化的特殊问题(第3章的5个案例之一)。

其次,本书案例也涵盖特定领域,如教育和公共卫生。在教育领域,案例包括K-12阶段(第4章和第3章的5个案例之一),大学阶段(第7章和第11章)。在公共卫生领域,案例主要涉及预防服务、药物滥用预防(第13章和第8章的3个案例)或是HIV/AIDS预防(第15章)。

再次,一些案例还关注更普遍的商业企业的运转及经济发展问题。有关小企业的案例(第9章和第12章),地方经济发展合作、高新技术企业和研究园区(第3章5个案例中的2个),军事基地关闭、超级大公司倒闭对当地经济的影响等,都是个别案例的主题(第 10 章的 2 个案例)。此外,还有一个案例(第 3 章的 5 个案例之一)是关于大众常见但缺乏理解的商业化进程——基于研究的观点(如该案例中由自然危机研究而产生的创新观点),最终是如何转化为商业实践的(如该案例中用来保护社区免于遭受灾害)。

本书较少关注另外一类案例研究:对个人的研究。这种案例主要有,临床文献(比如临床心理学、精神病学及社会工作),传记和名人口述史,犯罪学及典型性罪犯的案例研究,以及那些引发了社会对"身边"人(如学校校长、单亲家长等在生活中做了许多不平凡事情的人)关注的研究。本书只在第 4 章涉及了一个个人案例。相反,本书所展现的主要案例类型是与机构或组织相关的;因为近年来更大的挑战在于,运用案例研究和案例评估来探讨多样化的机构或组织现象。

本书涉及的主题和篇章结构

除了选用案例时考虑多样性外,本书还采用第二种更实用的策略:所选案例涵盖了案例研究中常遇到的各种重要类型。你会发现这些类型以三种形式呈现:全书共有 5 个部分、26 个材料框和 12 个幕后故事。

本书共 15 章,分成 5 个部分。每一部分包含一个用来进行案例研究的重要类型。

第 I 部分:绪论(第 1 ~ 3 章):简要概述案例研究方法,田野笔记实例和理论在案例研究中的作用。(例举理论在探索性、解释性和描述性案例研究中的应用)

第 II 部分:描述性案例研究(第 4 ~ 6 章)

第 III 部分:解释性案例研究(第 7 ~ 10 章)

第 IV 部分:跨案例综合分析(第 11 ~ 12 章)

第 V 部分:案例研究评估(第 13 ~ 15 章)

这五部分内容,旨在把读者的注意力引入与案例研究相关的最常见类型的情境中。

在这五部分内容中,第 Ⅰ 部分从案例研究方法的整体回顾入手(第 1 章),进而是通过田野调查获取的实况笔记的分析(第 2 章),然后(第 3 章)阐述了理论在开展案例研究中的作用。理论不仅对设计一个案例研究有帮助,而且是概括一个案例研究结果的重要工具。理论这一重要作用对顺利开展案例研究是不可或缺的,无论是单案例研究还是多案例研究。因而,第 3 章的五个应用实例呈现如何将理论视角应用于五种不同的情境中。如果你不能从本书中获得其他裨益,仅就对理论的应用和第 3 章五个应用实例的理解,也能帮助你在设计有价值、可行的概括性案例研究中走得更远。

剩下的四部分都是不同类型案例研究的应用实例。如果你志在开展一个案例研究来描绘在某个特定情境中发生了什么,你可以重点关注描述性案例研究(第 Ⅱ 部分)。如果你注重人们行为中的事件发展方式和原因——包括考虑"如何"和"为什么"的其他可能性(竞争性解释),相关的类型便是解释性案例研究(第 Ⅲ 部分)。另外,你可能已经能在同一案例研究中使用多案例,你便需要知道如何实施跨案例的整合(第 Ⅳ 部分)。最后,你可能会使用案例研究方法来评估一些案例(第 Ⅴ 部分)。

除了对这五个部分的方法论支持,本书还以系列的材料框和幕后故事两种形式呈现前述的方法论问题。这两种形式将在下面的一览表中详细阐述。表 1 是根据方法论专题归类的所有材料框和故事,涵盖从设计案例研究到呈现案例研究报告的整个过程。有些呈现内容,交叉出现在同一章节里。材料框将读者注意力吸引到 26 个运用不同类型方法的情境中。

26 个材料框——强化某个特定方法论的程序或原则,每章列举的过程和原则都有一个材料框。每个材料框总结提炼了相应的文本(Yin,2009a),你可以在相应的文本中找到相关过程或原则的完整陈述。

　　本书上一版本的读者认为,材料框在书中发挥了辅助作用,在一个应用实例呈现某一专题的案例研究的同时,指出相关方法论的问题。作为一组材料框,虽不是全面的收集,但几乎覆盖了所有的案例研究方法。

幕后故事和课堂训练

　　第三种展示方法论问题的形式是通过一系列幕后故事来实现的,全书15章中有12章包含幕后故事(第1章、第3章和第10章除外)。幕后故事是本书新版的创新之处,是基于以往版本使用者的反馈意见而改进形成的。

　　幕后故事提出了方法论挑战(甚至是困境),这些挑战(困境)是作者在实际开展案例研究时遇到的,本书的有关章节或与此相似的案例研究将具体展现。这些挑战是常见的,你在开展案例研究时也可能会遇到。无论是在田野研究、访谈情境中,或是在使用档案或者纪录片资料过程中,还是案例研究的呈现时(如大事记的使用),概莫能外。

　　与每一个幕后故事相关联的是课堂练习,课堂练习可以帮助你自己去实践或者预演挑战的情境。课堂练习也是本书第3版的创新之处,为读者在真正开展案例研究之前提供预备性体验。因此,本书的课堂练习提供了更多的实践性技巧。

表1 材料框和故事,按方法主题排列

方法主题	材料框名称	材料框序号	所属章节	故事标题	所属章节
使用案例研究方法					
研究问题				提出初步的研究问题	2
案例研究情境	定量与定性研究	23	13	研究创新	14
	案例研究评价指南	21	13		
	探索性案例研究	3	3		
设计案例研究					
分析单位	作为分析单位案例	25	15		
单个或多个案例	多案例研究的重要性	16	11	选用更具代表性的案例设计	12
	典型案例的设计	12	9		
理论的应用	理论在案例研究中的应用	2	3		
	描述性案例研究理论	8	6		
	从案例研究中归纳总结	22	13		
复现设计	多案例研究:复现而非抽样逻辑	26	15		
	直接和理论复现	18	12		
混合研究	案例研究作为混合式研究的一部分	6	5		
收集案例研究数据					
为收集资料做准备	进行多案例研究时一般的准备与培训工作	19	12	成为回答者而非提问者	6

续表

方法主题	材料框名称	材料框序号	所属章节	故事标题	所属章节
为收集资料做准备	案例研究草案:聚焦于研究工具,而不是受访者	5	4	做田野调查时的人身安全	5
	案例的筛选	4	3		
多种来源的证据	多个来源的证据	24	14		
	三角互证	11	9		
个人来源	现实情境中的直接观察	1	2	以媒体报告为证据	13
	开放式访谈	7	5	精英访谈	4
	档案来源的数据	14	10	自我报告数据	7
				从社会网络收集资料	15
分析案例研究资料					
案例研究资料库	案例研究数据库	9	6		
分析策略	逻辑模型	10	8		
	不同解释的建构	15	10		
	过程与结果评估	17	11		
	跨案例综合分析	20	12		
	竞争性解释	13	10		
呈现案例研究报告					
交流				大事记	9
				缩短的案例研究	8
指向前进				对未来研究提出的问题	11

第 3 版新增的内容

第 3 版拓展和充实了前两版的资料。前已提及的新增内容,具体如下:

- 增加文本内容,从原来的 10 章扩充为 15 章,从 4 个部分拓展为 5 个部分,从 16 个独立应用实例增加到 21 个,从 21 个材料框扩展到 26 个。
- 本书第 V 部分"案例研究评估"是全新的内容,是包括案例研究评估原则和具体应用的一个新章节。
- 六个全新的章节,都强调单个案例和更简单、更易行的应用,包括重要的介绍章节,以对案例研究方法进行回顾。
- 增加的一个全新内容,称作"幕后故事"①,与建议的课堂练习息息相关。

有关本书编撰组织的一些评论,从介绍章节的起始部分移到第 3 版的前言。此外,除了增加新的应用实例,本书重新编辑并整合所有之前的应用实例,使全书更加连贯、系统。

需特别说明的是,本书的前两版没有包含第 1 章(对案例研究方法的回顾),但第 2 版的读者建议本书应以简短的回顾开始。因此,为了使本书依然与其姊妹书匹配——姊妹书包含所有的研究方法,本书多次引用姊妹书内容——本版增加了第 1 章,以便读者也可有一个大概的回顾。或许这将增加本书使用的便捷性,同时也对理解后续章节的应用实例打下坚实基础。

不仅如此,第 2 版写完后,笔者已经总结其他三类案例研究方法,每个意在面对不同的群体:

- 教育领域(*Handbook of Complementary Methods in Education Research*② 中的某章)

---

① 本书中不包含幕后故事的三章是基于不同情境的结果:第 1 章回顾不需要任何具体的应用实例;第 3 章的理论依据有 5 个应用实例,这些应用的挑战与其他章节类似;第 10 章总结的 2 个案例研究原本不是由笔者完成的。

② Judith L. Green(Editor),Gregory Camilli(Editor),Patricia B. Elmore(Editor)(2006). *Handbook of Complementary Methods in Education Research*[M]. Published for the American Education Reseach Association by Lawrence Erlbaum Association,Inc.

- 应用社会科学领域（*The SAGE Handbook of Applied Social Research Methods*① 中的某章）
- 心理学领域（*APA Handbook of Research Methods in Psychology* ② 中的某章）

第 1 章引自上述三部作品但不局限于任何特定学科或专业领域，因而，此章希望有助于人们引用于众多领域。

结束语

总体而言，第 3 版展现的是 21 个案例研究方法独立应用的集合。为了增加它们的可交流性和可用性，大多数实例版本特意将原来的篇幅缩短，其中部分实例还基于一些以往篇幅较长的案例研究被重写以用于本版（第 1 章的回顾也被重写以用于本版）。根据本书之前版本使用者的反馈，本书的应用包含一系列独立案例研究，相比于其他的多案例研究主要对象是多人团队，本书立足于独立研究者能力范围之内。

本书的应用实例，展示案例研究是怎样成功地开展的，同时呼吁关注关键的方法论程序。无论你是一个初露头角的研究者，还是一位经验丰富的社会科学家，本书的目标是帮助你改进自己的案例研究。你也可能会成为一名优秀的评论家，或他人开展案例研究的研究对象。案例研究方法需要不断强化和巩固，你将成为该过程的重要力量之一。

---

① Leonard Bickman, Debra J. Rog(2009). *The SAGE Handbook of Applied Social Research Methods* [M]. SAGE Publications, Inc.

② Editor-in-Chief: Harris Cooper, PhD. (2012) *APA Handbook of Research Methods in Psychology* [M]. Part of the APA Handbooks in Psychology and APA Reference Books.

致
谢

感谢很多重要人士在本书编撰出版过程中持续给予的鼓励和支持。感谢伦纳德·比克曼（Leonard Bichman）教授和德博拉·罗格（Debra Rog）博士，罗格博士自始至终给予了大力支持，他编辑的由 SAGE 出版的"应用社会研究方法丛书"，本书的前两版都有所引用。感谢他们对案例研究在诸多社会科学方法中重要地位的理解，并不断鼓励笔者写出这方面的更好版本。此外，联邦机构及其项目官员资助并长期支持一系列运用案例研究方法开展的项目（本书相关章节做了大量的引用），在此表示感谢。

研究同仁也给予笔者很多启迪。早些时候，与大学院校之间的联系都和所教课程有关，这些课程是在麻省理工学院、美国大学（华盛顿特区）或由丹麦奥胡斯大学奥胡斯商学院举办的暑期学校中进行的。

来自各个大学和研究组织的众多研究同仁，参与案例研究论坛，该论坛是 COSMOS 公司开展项目的组成部分。无论是出席论坛或通过 email 联系，大家持续关注的问题是如何使用案例研究来阐明具体的研究问题，如何将案例研究方法具体应用于正在调查的特定研究问题，这些都给案例研究带来新的启迪。

与此同时，COSMOS 的员工和顾问也一直致力于大量的案例研究和案例研究项目，他们创造了一种令人兴奋的学习氛围，过去的 30 年，这种学习氛围不断改进并达到前所未有的新局面。在 COSMOS 的员工中，达奈纳·戴维斯（Darnella Davis）博士和安吉拉·韦尔（Angela Ware）博士是近几年最活跃的人员，感谢他们的激发性提问和对应用研究过程的贡献。

本书编撰也离不开 COSMOS 之外的协作，近期的合作主要有与苏凯·普拉姆·杰克逊（Sukai Prom Jachson）及其同事在联合国发展项目评价时的合作,与哥本哈根大学艾本·纳森(Iben Nathan)教授及其博士生的合作,与美国大学国际服务学院的楠妮特·莱文森(Nanette Levinson)教授、学生及教师的合作,感谢以上所有人继续将案例研究置于当前如此多元的情境中。

特别需要感谢的是,在第 3 版的准备过程中,很多人提供了宝贵的建议。其中最重要的有 SAGE 的高级策划编辑——维基·奈特(Vicki Knight),他促使我启动这个项目,提出很多如何使第 3 版更可读的建议,并对本书早期草稿提供了反馈意见。同样,新版本也吸纳了很多细心的读者对第 2 版提出的多种书面意见:

卡罗琳 V. 阿什顿(Carolyne V. Ashton)

梅特·巴兰(Mette Baran)

马克·亨德森(Mark Henderson)

凯瑟琳·赫尔(Kathryn Herr)

罗伯特·西克(Robert Shick)

凯萨琳·唐恩·西夫曼(Catherine Dunn Shiffman)

尽管吸收了以上所有人的建议,不过,第 3 版的内容和责任仍然由笔者担当。最后,我将本书献给我的夫人凯伦,她既是我的朋友,也是我儿子安德鲁的母亲,她对我寄予很高的期望,正是她的爱给予我莫大支持,伴我度过了研究和写作中许多思考的时光。

第 I 部分

绪 论

开展一项新案例研究的过程中,会有很多不确定感和焦虑,本书前三章组成的绪论,试图通过多种方式来缓解这种压力。

首先,第 1 章主要是回顾案例研究方法。基于以前各版本的内容(Yin,2009a),概述案例研究方法的要点。当然,回顾也可用作其他用途,比如帮你辨别是将案例研究方法作为首选方法,还是先考虑使用其他备选方法,后期再回到案例研究方法。

其次,案例研究通常以收集田野数据为基础。第 2 章会涉及田野研究笔记的样板。选用的笔记主要是新案例研究的开始描述。样板笔记详细地描述了某天某地(一个城市近郊)的具体信息,但基本能提前界定随后案例研究的问题,这种"田野考察优先"的情况也可作为你自己研究的起点。

笔记除了说明研究起点,也告诉你当你自己做田野研究时需要准备的笔记类型。在案例研究的课程中,笔记常被作为重点进行长篇大论的讲述。按程序妥善归档并保存笔记,将是管理你的案例研究数据收集过程不可或缺的部分。

再次,第 3 章包含五个不同的案例研究应用实例。每个应用实例都是起始,但却又不仅仅出现在开始,也可能贯穿在整个案例研究过程中。前两个实例在一定程度上涵盖新案例研究启动时真实情境中的重要任务。其中一个实例展现了如何将探索性案例作为一项完整案例研究的预研究部分;另一个实例(出自另外不同的案例)展示如何开展某项研究,是由规范的选拔和甄别过程的结果而定的。两个实例都试图表明,一些理论可帮助你做出明智选择,这些理论的通常形式是在你选择关键方法时,给你提出一个明确的理由。(注:在应用层面上,这里的理论是指你对自己研究中所涉及核心概念的推敲和完善,而不是指任何正式阐明的学术理论。)

第 3 章继续强调理论在案例研究过程中的用途。该章也有三个实例,一般观点认为,理论只用于新的案例研究的开始阶段,本章将改变这一观点。本章涵盖一个描述性案例研究的开展和两个探索性案例研究的变化形式。这些实例告诉你如何用理论来分析这些案例研究的数据——开展案例研究的分析阶段常遇到的一类"绊脚石"。因此,整个第 3 章的目的在于,突出开展案例研究时要将理论应用作为起点,即逻辑思维可能与之前的研究方案紧密相关。

需声明的是,第 3 章五个实例都源于多案例研究,因此,对相关理论的关注将帮助你把握不同案例研究的出发点,也同样适用于单案例研究。(详见第 1 章多案例研究和单案例研究的区别)同时,若你想满足对案例研究的好奇心,可大致浏览本书的第 Ⅱ 部分和第 Ⅲ 部分,其中所有实例都是案例研究。

1

案例研究方法的简要回顾

案例研究方法包含一整套实施案例研究时所必须的任务或程序。这些任务包括设计案例研究、收集研究数据、分析数据、呈现和报告研究结果(无论是这些任务,还是本书的其他内容,都不涉及案例教学研究——这种以教学为目标的方法与科学研究的方法完全不同)。

本章仅用最简洁的方式介绍和描述这一过程。本章的目的是对案例研究方法进行简要回顾,并不包括当你设定自己的案例研究时可能遇到的所有细节(若想更多了解,可以参考Yin,2009a,该版本是所有案例方法的完整版本)。

除了讨论案例研究设计、数据收集、数据分析,还将强调案例研究的几个关键特征。首先,"案例研究"的简略定义,能帮你确定是否选用案例研究方法替代(或备选)其他研究方法。

其次,你做自己的案例研究时可能会遇到一些其他选择,因此,本章作为回顾部分将讨论以下内容:

- 案例研究中对"案例"的定义。
- 结合自己的研究和分析任务,形成自己理论视角的好处。
- 数据源之间交叉验证的重要性。
- 在数据收集过程中调动研究对象积极性所需的活力。
- 从案例研究中归纳推论将面临的挑战。

为了确保回顾篇幅简短,该部分很少关注案例研究结果的形成阶段,仅有较少篇幅提出呈现案例研究证据的建议。

回顾部分通过讨论案例研究方法在其他社会科学方法(如实验、准实验、问卷调查、历史事件分析和对归档数据的统计分析等)中的地位并得出结论。结论强调案例研究是由其他任何社会科学方法(如准实验方法或质性研究)演变而来的可能性极小,这已被其他学者所认可;事实上,案例研究一直遵循的是其自身的一套完整的方法(Yin,2009a)。

案例研究作为一种科研(而非教学)方法

简要界定

所有案例研究都始于相同的显然目的:渴求接近或深入理解他们真实世界中的某一或某组"案例"(如,Bromley,1986,p.1)。狭义的目标是形成一个宝贵而深刻的理解,即对案例有独特见地,希望理解现实世界的行为及其含义,并激发新的研究。因此,案例研究的独特性,也可作为其缩写的定义:

> 将当前现象比如"案例"置于现实世界的情境中所做的实证探究,尤其是在现象和社会背景情境没有明显边界的情况下。(Yin,2009,p.18)

因此,相对于其他特征,案例研究假定:探究与被研究案例相关的情境和其他复杂条件,是理解案例不可或缺的。

深度关注案例,能如期了解更广范围的情境和其他复杂情形,并将形成涵盖某一特定案例研究的广泛议题。在这个意义上说,案例研究超越孤立的变量研究。作为衍生品,也作为欣赏案例研究的一个决定性特质,相关的案例研究数据更可能源于多处而非某一出处。

何时使用案例研究方法

至少在三种情况下,可创造相关条件来将案例研究作为一种方法加以应用。首先,也是最重要的,是在不同方法中(包括案例研究方法)进行选择时,可通过某研究试图强调的研究问题类型来确定(如,Shavelson & Towne,2002. pp. 99-106)。因此,案例研究是有的放矢的,无论你的研究强调的是一个描述性的问题——"正在发生什么或发生了什么?",还是一个探索性问题——"是怎么发生的或为什么会发生?"。相比较而言,当强调其他两类问题时,替代性研究方法是比较合适的:某自变量产生某个特定结果的有效性(实验或准实验方法强调的问题),以及发生变化的频率(问卷调查强调的问题)。然而,其他研究方法不可能像开展一项案例研究那样提供充分的描述和独到的解释。

其次,通过是否强调真实情境中的现象来判断。案例研究方法倾向于在自然情境中收集数据,而不是依托"得出的"数据(Bromley,1986,p. 23)——如在实验中对研究工具做出的反馈或在问卷调查中对问卷的答复。比如,教育领域读者想要知道以下内容:

- 一名高中校长是如何及为什么做了一项特别优秀的工作。
- 有重要结果的某个成功(或不成功)的集体谈判动态(如教师罢工)。
- 特许寄宿学校的日常生活。

你可以使用问卷或者其他工具来研究这些情况,但是做一些原始的田野研究,作为案例研究的一部分,将有助于你更好地理解这些情况。

最后,案例研究方法目前通常被用于评估。权威人士透露,美国审计总署(GAO,1990)和其他的部门(如 Yin,1992,1994,1997),都记录了通过案例研究方法进行评估的多个应用实例。

做案例研究时的注意事项和关注点

案例研究,尽管在许多现实情境和解释重要研究问题时具有明显的适用性,但是否作为首选方法,仍没有达成广泛认同,有些人就认为它是一种不得已而选择的方法,这是为什么呢?

造成这种印象的个中缘由是:一部分人认为案例研究是使用其他社会科学方法的探索阶段(如收集数据来决定某个专题是否值得进一步调查)。在这种情势下,案例研究似乎只能作为一个前奏。结果便是,案例研究不被认为是正式的、严谨的研究。然而,这种对社会科学方法的传统的、分为三六九等的观点,是过时的。实验方法和问卷方法有它们自己的探索模式,而案例研究方法远远超出其探索功能。换句话说,所有的方法应可贯穿研究的整个过程,从最初的探索到完成全部和最终的正式研究,不必混用其他任何方法。

造成这种印象的另一原因是,案例研究者对开展研究过程的有效性缺乏信任。作为一名试图开展自己预定内容的研究者,他们似乎并没有强烈反对这种偏见。但当试图将案例研究的结果推及更广泛的层面时,他们也可能会深受自觉无力的困扰。

实际上,案例研究做得不好时,这些问题或其他挑战都会以一种消极的方式出现,可能会重新引发反对案例研究方法的传统偏见。相比之下,当代案例研究要求使用更多的系统化程序来应对这些挑战。正如本章简要提及的,案例研究包括有计划的数据收集和分析程序,案例研究结果也可以通过定性概括(而非统计的)推广至其他情境。

同时,本章在有限的篇幅内讨论如何应对所有方法论方面的挑战,如高度关注的建构效度、内部效度、外部效度以及开展案例研究的可靠性。你还可查询以往版本中有关案例研究方法如何处理这些问题的更全面讨论(Yin,2009a,pp.40-45)。

设计案例研究的三个步骤

开展案例研究时,明确案例研究设计,是使用更多系统化步骤最重要的环节。现在,这一设计工作是必备步骤,这与早先很多人都糊里糊涂做案例研究形成鲜明对比。目前人们开展案例研究时,简明的设计包括三个步骤。

界定"案例"

第一步,界定你所研究的"案例"。即便是一个初步的定义,也极有益于组织你的案例研究。一般而言,你应当坚持你最初的定义,因为你可能查阅过相关文献或是基于最初的定义提出研究问题。然而,案例研究方法的一个优势在于,在收集一些早期数据后重新定义"案例"的能力。这种转变不应该被压制。需要注意的是,当这种转变发生时,你可能需要走回头路,查阅些许不同的文献,而且还可能需要修改原有的研究问题。

"案例"一般是有边界的实体(人物、组织、行为条件、事件或其他社会现象),但如前面提到的,案例及其情境条件的边界,在空间维度和时间维度,都可能会难以区分。在案例研究中,案例是主要的分析单位。

同时,案例研究也可在主要的案例中嵌入一些子案例(见下一章节的"子案例")。

完成定义的任务中,你应当设立一个高的标准:想想你的案例研究有可能是你曾经完成的为数不多的案例研究中的一个,那么你就可能会想尽可能地将精力投入到某个关键、有趣和重要的案例中。

是什么让案例变得有特色(special)? 一种可能性是,你的案例可能不包括一些极端的、独特的,或启发性的(distinctice if not extreme, unique, or revelatory)事件或主题,但包括一些有特色的事件或主题,如:

- 主要组织的复兴或重建;
- 新的医疗手段的创造及疗效证实;

- 探索减少帮派暴力的一种新方法；
- 一次重要的政治选举；
- 一些戏剧性的居民区变化；
- 自然灾害的发生和后果。

根据定义，这些都可能是典型的事件。对它们进行很好的案例研究，可能会形成一个典型性的研究实例。

如果没有这种有特色的或独特的案例供你研究，你可能会想做一些关于常见或日常现象的案例研究。在这种情况下，你需要界定一些令人信服的理论框架来筛选你的案例，理论框架越有说服力，你的案例研究就越能帮助整理文献。在这个意义上说，你就已经进行了一个"特殊的"案例研究。一些热门的主题是，选择一些看似寻常但却与一些不寻常结果紧密相关的普通案例。

选定四种案例研究设计类型中的一种

第二步，需要决定你的案例研究是否包括一个或多个案例，从而被区分为单一或多案例研究[①]。无论是单一或多案例，你可以选择，让你的案例作为一个整体(holistic)案例或在一个整体案例中嵌入(embedded)子案例。因而，便有 2×2 矩阵中的四种不同案例研究设计。这些设计连同虚线代表了案例与案例情境之间的模糊边界线，如图 1.1。

比如，你的整体案例可能讨论某组织如何以及为什么实施相关的员工晋升政策(整体层面)，但这项研究还可能包括从抽样调查、对员工的记录的分析，或其他来源(嵌入层面)，收集一组雇员的数据。如果你被限制在某个组织，你就会有一个嵌入式的单案例研究，如果你以同样的方式研究两个或两个以上的组织，你将会有一个嵌入式的多案例研究。

---

① 后者也被称作"延伸个案(extended case study)"(Bromley,1986,p.8；Buraway,1991)。

单案例设计　　　　　多案例设计

整体的（单个分析单位）

情境
案例

情境 案例
情境 案例
情境 案例
情境 案例

嵌入的（多个分析单位）

情境
案例
嵌入的分析单位1
嵌入的分析单位2

情境
嵌入的分析单位1
嵌入的分析单位2

情境
嵌入的分析单位1
嵌入的分析单位2

情境
嵌入的分析单位1
嵌入的分析单位2

情境
嵌入的分析单位1
嵌入的分析单位2

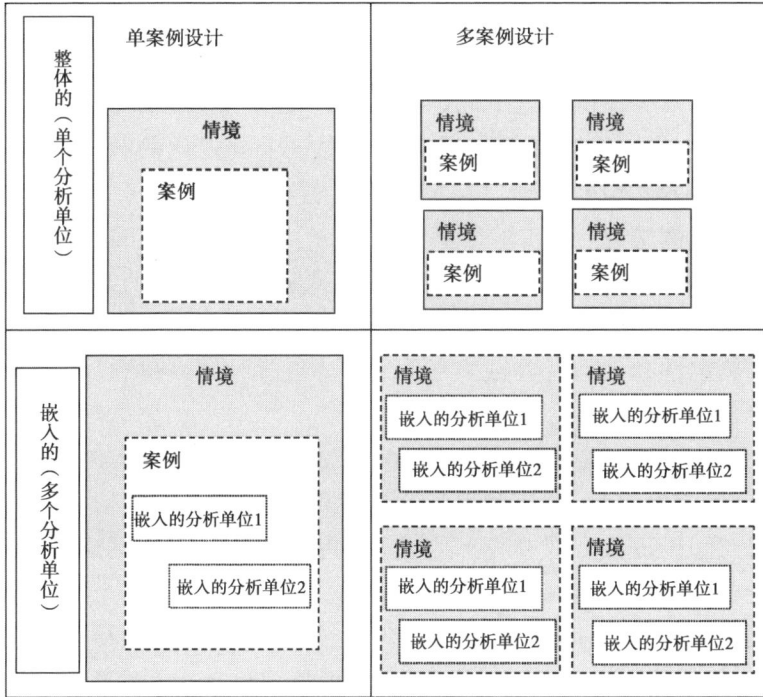

来源：COSMOS 公司

图 1.1　案例研究设计的基本类型

多案例设计通常比单案例设计更难实施，但可靠的数据会给你的研究结果提供更多信心。多案例的选择，与你界定一系列实验的方法相似——每个案例（实验）都是为了检验研究主题的方方面面。因此，一个普通的多案例设计可能需要两个或两个以上案例，这些案例有目的地测试产生可被复现的（replicated）相同结果的条件。另外，多案例还可能包括有目的的对比案例。

一个重要的注意事项是，多案例研究中使用的"复现（replication）"，有意地模仿多重实验中使用的原则（Horsen & Barlow，1976）。换句话说，在多案例研究中，与多实验研究中的实验一样，都可能被选作预测类似的结果（直接复现，direct replications），或由于预知的原因而预测出相反的结果（理论复现，

theoreticcal replications）。

与"复现"相应的是对一个老问题的回应：多案例研究中需要包括多少案例？这个问题当前仍然是该领域的难题（Small，2009）。学生和学者们似乎假设存在一个公式化的解决方案，如通过效度检验来确定某实验或问卷调查必须的样本量。但是对案例研究（也同样是多实验研究）而言，不存在这样的公式。相反，类似"得到一个适合的结果需要进行多少实验？"的问题，回答是判断性的：案例（或实验）越多，研究结果的可信性和确定性越大；案例（或实验）越少，研究结果的可信性和确定性越小。

更重要的是，在案例研究中，或在实验情境中，案例（或实验）数量的多少，并不能保证这组案例（或实验）能否对最初的研究假设提供有效支撑。因此，一些研究者的多案例研究，可能会考虑主要由简单案例组成的跨案例分析（如，五个案例能支撑研究假设，而两个案例则不能）作为得出跨案例结论的选择。然而，也有可能因为案例数量少且未经区分，而无法得出令人信服的结论。

在设计中使用理论

第三步涉及是否使用理论，以帮助完善你的基本思路，如设定你的研究问题、选择案例、提炼你的案例研究设计，或定义收集的相关数据（使用的理论可以帮你组织初始的数据分析战略、概括案例研究得出的结果，本章稍后将讨论这些内容）。

例如，有关学校校长的初始理论观点可能声称，成功的校长是那些"教学型领导"的人。大量的文献（你将在自己的案例研究中部分引用）支持这个观点。你的案例研究可能试图构建、拓展或者挑战这个观点，甚至可能模拟假设检验的方法。然而，这种理论观点也会限制你发现探索的能力（如，从手稿中发现一个成功的校长是如何以及为什么获得成功的）。因此，在做类似和其他类型的案例研究时，你需要运用自己原始观点，但也需要准备在初始数据收集后放弃原来的观点。

　　然而,以一些理论命题或理论开始的案例研究,会比没有理论命题的研究更容易实施。理论命题不应被认为仅是社会科学的重大理论,还需要形成一套简单的关系,如"[假设的]有关的故事:为什么会发生某行为、事件、形成结构和产生思想"(Swtton & Staw,1995,p.378)。更详细的理论意味着(有针对性的)更复杂的形式,它们将提升后面分析的精确性(有点自相矛盾)。这么做的好处同在做准实验研究时有更复杂的理论命题是一样的(Rosenbaum,2002,pp.5-6,277-279)。例如,在案例研究评估时,使用逻辑模型展现某一干预如何运作的理论。

　　对理论作用的期望,有时被作为案例研究和相关的质性方法(如民族志学[Van·Maanen,1988]与扎根理论[Corbin & Strauss,2007])的一个区别标志。比如,质性研究可能不需要关注任何"案例",可能不会考虑分析单位,也不会参与正式的设计工作,更不包括任何理论观点。

　　一般情况下,你在开展案例研究时,经验越少,越可能需要应用一些理论观点。没有这些理论观点,没有足够的研究经验,你可能会面临这样的风险:一开始就错误,接下来的研究都在浪费时间。你也可能很难说服别人你的案例研究结果对该领域有价值。同时,刻意回避任何理论观点的研究模式,虽然有风险,也可以是非常有益的,因为你可能成为"打破定式的"案例研究。

案例研究数据收集

案例研究数据来源的类型

　　人们在进行某项问卷调查时会使用问卷,案例研究并不仅限于单一的数据源。事实上,好的案例研究将会从多来源的证据中获益。表1.1列出六种常见的证据来源。

　　你可以任意组合使用这六种来源及相关来源,如特定群体

表1.1　开展案例研究时六种常见的数据来源

1. 直接观察（direct observation，如：人的行动或物理环境）。

2. 访谈（interview，如：与主要参与者的开放式对话）。

3. 档案记录（archival records，如：学生记录）。

4. 文件（documents，如：报纸上的文章、书信、电子邮件和报告）。

5. 参与式观察（participant-observation，如：以研究员身份参与到正在研究的现实生活中）。

6. 物理制品（physical artifacts，如：员工工作的电脑下载）。

（采访的一个变量），这取决于哪些对你的案例研究有用，哪些与你的案例研究相关。不论来源出自何处，案例研究的证据可以包括定性和定量的数据。定性数据可能被视为非数值数据，例如，可系统收集的分类信息；以叙事形式展现的数据，如字表（word tables）。定量数据可以被视为数值数据，例如，基于使用序列而非频率或比率的测量而获得的信息。

此外，你可查阅全面涵盖所有这些来源的其他参考文献（Yin，2009a，pp. 98-125）；然而，快速回顾三个最常见的来源将会给你的数据收集过程带来思路。

直接观察：两个例子

让我们从最常见的方法之一——现场直接观察开始。这些观察可以聚焦于人的行动、物理环境或现实情境的事件。至少，有机会实施这种观察是案例研究最鲜明的特征之一。

作为一个初步的例子，收集观察数据的常规方式，需要调动自己五官，作现场记录，并最终基于你看到、听到或感觉到的形成陈述（第2章的实例部分提供了类似叙述的例子）。机械设备，如录音机/笔或音频视频摄像机，也能提供帮助。

基于这些观察，陈述撰写必然受到之前讨论的需要注意方面的影响，这些方面通过展示观察到的证据并结合详细笔记得到，具体包括：你的呈现是否表明你尽可能的中立和遵循事实，是否代表你的案例研究（一个或多个）中参与者的观点，或者它是否代表你对自己观察到现象深思熟虑的解释。以上三者中任何一个都是可接受的,具体取决于数据收集的目标,但你必须明确澄清到底是三个中的哪一个,避免它们无意中混淆。一旦被适当的标记,你甚至可能会展现两种不同观点的信息,这也再次取决于你数据收集和案例研究的目标。

除了传统的观察过程,采用直接观察的第二种方法源自正式的观察工具,然后做笔记、分级,或在工具指定的类别下编报观察证据。使用一个正式的工作场所与工具,旨在界定主管和员工互动的频率和性质,是管理研究的普遍做法。这种工具接受以叙述或列表的形式呈现观察到的事实(如列表显示某些观点的频率)。同样地,正式工具可用于界定和编码其他观察的互动行为,如医生和病人之间,或老师和班级之间的双向对话。在任一情况下,互动行为可能已直接观察到或用视听设备记录下来了。

开放式访谈

案例研究的第二个常见证据源是开放式访谈(open-ended interviews),也被称为"非结构性访谈(nonstractured interviews)"。相比于问卷调查收集的数据或问卷工具的开放式选项,这些访谈可以提供更丰富、更广泛的资料。表面上看,问卷调查的开放式调查部分可能类似于开放式访谈,但开放式访谈一般结构化程度低,可以假设一个漫长的对话模式,这些通常不会出现在问卷调查中。例如,案例研究的开放式访谈,可以在一次以上的场合用时两个小时或更长时间。另外,对话可以发生在一天的任何时段,可以在研究者和一个或多个参与者观察或参与不同活动时进行。

如果运用得当,这种灵活的开放式访谈可以揭示案例研究的参与者如何构建现实解释和思考现状,而非仅仅提供研究者的具体问题的答案和间接的现实构建解释。在某些案例研究中,参与者构建现实解释将为案例研究提供重要的见解。如果参与者是被研究的组织、社区,或小团体的关键人物而非普通人员,这种见解将更有价值。对公共机构或私人公司的案例研究,例如,关键人物是指机构或公司的领导。像在学校里,校长或系主任是同等角色。因为基于定义只有一个或少数几个人扮演这样的角色,对他们的访谈也被称为"精英(elite)访谈"。

档案记录

除了直接观察和开放式采访,案例研究的第三个常见证据来源是档案资料,即现有的媒介存储的信息,如电子档案、图书馆和老式的(纸质的)文件。报纸、电视和大众媒体,是一种媒介类型。由公共机构(如公共卫生、执法机构或法庭记录)所保存的记录,是另一种证据类型,档案数据可以是定量的或定性的(或二者结合的)。

基于研究的视角,档案数据可能会局限于自身的偏见或缺陷。如,研究者早就知道,警方报告的犯罪记录并不能反映可能已经发生的实际犯罪总数。同样,学校系统报告的入学率、出席率和辍学率可能会受到系统的少计或多计影响。即便美国人口普查局致力于其人口统计的完整性,也由于人们会居住在不同的地点(城市和农村)可能被少计。

同样,有人怀疑,不同的大众传播媒体的编辑哲学影响了他们的选择,如包括(或不包括)的故事,提出(或未提出)的问题,文本的细节(或缺乏细节)。所有的这些编辑性选择可共同引发系统性偏差,在这些偏差中将以另外的方式呈现对一些重要事件的完整真实记载。

案例研究十分依赖档案数据,如果可能的话,需要分析这些档案数据可能出现的偏差,并采取措施消除偏差。对于大众媒体,一个消除偏差的有益程序便是选择两个基于相反取向(opposing orientations)的媒介(如,Jacobs,1996),这样才可能会出现一个更加平衡的情况。找到并利用关于同一主题的其他材料来源,也会更有帮助。

从多来源中推论证据

表 1.1 及上述所呈现的三个常见数据来源的有效性,为案例研究数据收集过程提供了一个重要机遇:你应该常从不同及相同的来源中检查和复查结果的一致性(如 Duneier,1999,pp. 345-347)。这样,你将推出或建立事实的趋同迹象——这将使你的研究结果尽可能地确凿。

这种推论该如何进行? 最期望的互证是,出现三个(或更多)独立来源都指向同一组的事件、事实或诠释。例如,小组会议上,由两个或两个以上的与会者可能(独立地)已向你报告可能发生的事情,会议也可能以文件的形式被记录(如,新政策发布是会议的议题)。你可能无法亲自出席会议,但有了这些不同的来源,比仅仅依靠单一来源,会让你对推论有更多信心。

推论通常并不像上述例子那么简单。有时,当你访谈不同的参与者时,所有的表象似乎都是有关他们的组织是如何运作的确凿证据,但实际上,他们可能都只是在呼应相同的机构“口头禅”。随着时间推移产生的用于对外的论调(如研究人员或媒体代表),集体的“口头禅”不一定与组织的实际做法相一致。

对文献的再次回顾也许能帮助你预测这类情况,实施自己的直接观察也可能会非常有帮助。然而,当你依赖直接观察时,需要关注另一个可能会出现的问题。因为你在某一情境中预先计划了你的存在,参与者可能会有机会为你调整他们的方式。因此,获知某组织或群体的实际做法,或许并不像你想象的那么简单。然而,使用多个而非单一的证据来源,会让你的研究状况变得更好。

使用案例研究草案

在数据收集过程中,无论证据来源是什么,你将发现形成和使用案例研究草案(protocol)非常有帮助,即便不是必需的。典型的草案包括在案例研究数据收集中需强调的一系列问题(包括在田野研究情境中实际发生的或从档案中提取出置于办公桌上的）。

更重要的是,草案中的问题是针对研究者的,而不是任何田野研究的参与者。在这个意义上说,草案完全不同于任何用于访谈和问卷调查的工具。草案的问题实际上是一个思想框架,不像侦探调查罪案持有类似的框架,也不像记者追踪的故事,或临床医生基于患者症状给予的不同诊断。在这些情境中,侦探、记者和临床医生可能独自开展一个或多个查询(包括竞争性假设),但向任何参与者呈现的具体问题都变成每一个具体的面试情境。因此,这些在面试中描述的问题实际上源自一系列的探究(如思想框架),而不是文字材料(如问卷调查)。

收集有关竞争性解释的数据

最后的数据收集主题,强调寻找数据以验证竞争性解释(rival explanations)的重要性。所需的对立思维应该源于案例研究中不断追问的怀疑态度。在数据收集过程中,怀疑态度应包含某种担忧,担忧事件或行为是否真如其表现,担忧参与者是否提供坦率的回答。对竞争性解释持有怀疑态度时,收集的数据将比不关心竞争性解释时多。如,数据收集包括有目的和尽力地搜索"差异性证据(discrepant evidence)",似乎你正在试图建立合理的对立而不是试图证实它是不可信的(Patton,2002,p. 276;Rosenbaum,2002,pp. 8-10)。即便努力搜索后没有找到相关证据,也能增强你对自己的案例研究后续描述、解释和解答的自信心。

竞争性解释不仅仅是替代性解释(alternative interpretations)。它应是真正的对立,是直接相互竞争并且不可共存的。换句话说,研究解释就像一名战士,可能会被一个或多个对手挑战。证明比最初解释更加合理的对立解释应当引起重视,不是仅加脚注即可。

在整个研究过程中,都要坚持探寻竞争性解释。有趣的是,无论是在案例研究中,还是在其他类型的社会科学研究中,方法论文献很少提及可能会被研究者关注的这类实质的竞争性解释。被发现的唯一的竞争性解释,便是方法论的而不是实质性的,比如,研究过程所涉及的零假设、实验效果和其他潜在的结果。相反,在侦探工作中,相比可能已被受理的最初解释,实质性竞争是指对犯罪是如何发生的另一种解释。

提交案例研究证据

妥善处理案例研究证据是最终的且必不可少的环节:你需要在你的案例研究中呈现足够的证据(如单独的文本、表格等),让读者独立研判你对数据的解释。理想的情况是,你的案例研究收集的证据源自正式的案例研究数据库,经过编辑后作为你研究案例的证据。

遗憾的是,之前的案例研究通常将证据与解释混为一谈。只有在做一个独特的案例研究或案例研究启示时,这种做法才情有可原,因为见解可能比证据更重要。然而,对于大多数的案例研究而言,混淆证据和解释可能被视为不明白两者之间的区别,或者不知道如何处理数据(因而过早地进行了解释)。

案例研究的数据分析

案例研究分析有多种形式,但没有一种形式是遵循其他研究方法的常用方式。计算机软件程序包的研发,只是部分抵消了案例研究缺乏证据分析指南的影响。计算机软件可以按照你的指示编码和分类笔记或记录,支持大量的叙事文本分析。然而,不像计算机软件分析数值数据,分析者提供输入数据,计算机利用算法来估计一些模型并形成输出数据;在分析文本数据时,没有自动的算法。

无论是否使用计算机软件来帮助你,都必须确定将要使用的代码和程序,将编码后的证据符合逻辑地拼凑成更广泛的主题——本质上是创造适合你的特定案例研究的独特算法。分析过程的可信度,将取决于以一种特定逻辑范式整理的数据。

分析可以始于系统地组织你的数据(叙述的和文字的),进行分层关系、矩阵和其他阵列分析(如 Miles & Huberman,1994)。简单的阵列,可以是一个词表、以数据表行和列形式展示的关注点。给定的阵列,可以使用不同的分析技术(Yin,2009a,pp. 136-161 有完整的讨论)。下文将讨论四个例子,前三个是模式匹配(pattern matching)、解释构建(explanation building)和时间序列分析(time series analysis)。多案例研究,除了在每一个案例中使用这些技术,同时使用复现逻辑,这就是第四种技术。

分析案例研究数据的技术

如果开展案例研究,选择用于研究的案例是最重要的环节,而分析案例研究数据可能是最令人烦恼的步骤。大多数问题常常伴随着错误的期望:数据会以某种方式"为自己说话",抑或借助一些计算程序就足以得到案例研究的主要结果。事实上,我们得考虑许多其他情况。

当界定研究问题和案例时,你为你的分析设定基本的假设。你开展这项研究的目的是为了强调你的研究问题吗?如果是,那么分析数据的技术应首先直接针对这些问题。你的案例都是为了获得可借鉴的经验吗?如果是,你的分析应直接针对这些经验。最后,如果你的案例研究是由探索性目标所驱使的,你最好从你认为自己已经发现的地方开始你的分析。

接下来是一个"相反"的教训。意识到用于后来分析的基本假设其实已经隐含在案例研究的初始阶段,你可能早早便预期和设定了分析策略和意向。尽管收集到的实际数据可能会改变这一计划,但是拥有一个可能需要修订的初始计划(即便是彻底的修订)总比没有计划好。

例如,一种可能是,案例研究一开始就假定预期结果的一些模式。模式匹配逻辑随后将帮助你对基于实证的模式(根据收集的数据)进行比较。正如第 10 章所呈现的,在一项社区研究中,预测可能假定许多不同的经济和社会领域(如零售、房屋销售、失业率和人口流动）的结果模式，将受到一个关键事件的"灾难性"影响——关闭某一较小规模、单一雇主的小镇军事基地（Bradshaw，1999）。该分析将检验每个部门的数据，对比其他社区和州范围关闭军事基地前后的情势。模式匹配结果应包括一些详细的解释，说明军事基地关闭如何以及为什么会造成（或不发生）这些趋向。但同时也会收集有关竞争性解释的数据（如与关键事件或其他背景条件同时产生的事件），进一步支持假定的结果。

第二，案例研究不以任何预测模式开始，但以一个开放式研究问题开始，而开放式研究问题将导致解释构建技术的使用。例如，第 10 章的第二个案例研究，专注于一个高科技企业的倒闭，而在其倒闭的前几年，它曾是财富 50 强公司。案例研究的目的是构建对倒闭的解释，并有意对比竞争性解释。

第三种技术效仿定量研究的时间序列分析法。在案例研究中，最简单的时间序列可以是关键事件组成的大事记。结果阵列（如由事件的时间和类型组成的行和列的词表），不仅会形成一个有深刻见解的描述性模式，也会暗示潜在的因果关系，因为在假定的因果关系中，一般原因在先，结果在后。另外，可设定适用的竞争性解释，将这些信息用于检验大事记的模式。当竞争性解释不符合这个模式，其排异性将更好地支持原有的结论。

如果案例研究在时间序列中包括一些主要的干预事件，该阵列可以作为实验研究中中断的时间序列的对照。例如，假设一个案例研究研究的是一个组织的新任执行领导。案例研究可能会追踪执行领导上任前后的生产、销售和利润趋势。如果所有的趋势都适当上涨，案例研究可以开始确立一个说法，将这些成就归功于新的领导者。此外，验证对立性条件（如新领导者的前任落实了之前的政策），这将使其成为分析的一部分，并更好地支持结论。

当足够的定量数据是相关的和可用的

上述案例特意限定在某一情境中，这里的案例没有尝试任何统计分析(主要是因为缺乏数据点,而不是因为缺少简单的前后比较分析)。然而,当多个时间间隔是相关的,且有足够的数据可用,案例研究分析将呈现不同的情形。在教育学中,某个普通的案例研究设计可能会将某学校或学区当作一个有兴趣的组织来研究(比如,Supovitz & Taylor,2005;Yin & Davis,2007)。在单个案例中,相当一部分精力可能会用于收集和分析量化的学生成就数据。比如,一项关于某学区学生表现长达22年的追踪研究(Teske,Schneider,Roch & Marschall,2000)。其开始阶段刚好与该地区正在缓慢实施的一项教育改革同时发生,这也是该研究的主要方面。可用的追踪性数据允许案例研究在阅读和数学学科使用统计模型(最小二乘法),检验教育改革与学生表现的相关性。

多案例研究的跨案例综合分析

上文讨论的是希望应用复现逻辑来解释多案例研究的调查结果。这类跨案例综合分析的逻辑,超越用于处理这类问题的逻辑、从一组多实验中获得的结果能否——数据太少而无法成为任何定量元分析的组成部分——支持更广泛的结论。复现或证实的框架可以有所不同。直接的复现(direct replication),单个案例可以预测得出类似的结果。理论的复现(theoretical replication),单一案例基于预先的假设,最终结果可能事先已被预测,但单一案例可能会产生一个不同的或完全相反的结果。更复杂的情况是,基于多案例研究中案例类型要求显现的情况。

对案例研究的概括

除了上述的技术,分析的终极挑战是确定能否从案例研究中得出任何结论。整体的、通常被批评概括性价值低或没有概括性价值的单一个案操作程序,是适用于所有类型案例研究的有效程序。为了弄明白这个程序,首先需要辨别两种概括类

型:统计性概括(statistical generalizations)和分析性概括(ana-
lytic generalizations)(Yin,2009a,pp. 38-39)。对于案例研究而
言,后者更适用。

遗憾的是,很多学者,包括开展案例研究的学者,都深受统
计性概括的影响。他们认为每一个案例只代表已知的、大样本
的一个样本点,无法理解一小部分案例如何可推及更广泛的人
口。最简单的答案是,这种单一的或小众的案例无法通过这种
方式推广,而且这也不是它的目的。此外,一种错误的认识是,
统计性概括从取样到推广,是唯一能够在社会科学研究中概括
结果的方法。

相反,分析性概括利用研究的理论框架来构建一种可能适
用于其他情况的逻辑。况且,相似的情况也存在实验科学中,
实验科学从单一或小组实验中概括结论,通常并不是按照任何
统计路径来研究之前被定义的实验范围。更确切地说,案例研
究和实验科学概括结论的目的是相同的,这一过程的两个步骤
如下。

第一步包括一个概念性的主张,研究者的研究结果显示一
组特定概念、理论构建或时间序列之间的关系。第二步是运用
涉及其他情况的相同理论假设,除了完整的案例研究,类似的
概念、理论构建或时间序列可能是相关的。例如,政治科学最
畅销的研究出版物一直是关于古巴 1962 年导弹危机的一个单
案例研究(Allison,1971;Allison & Zelikow,1999)。作者并没有
将他们的结果和理论框架归纳为美国—古巴关系或导弹的使
用。他们利用他们的理论假设概括他们的发现:当面对超级大
国对抗和国际危机时,国家政府可能采取的回应。

无论是一项案例研究还是某个实验,分析性概括需要特别
注意解释构建(Kelly & Yin,2007)。最终的概括并不像获得几
何学"证明",但是提出的主张必须能够完整的展现,并经得起
逻辑挑战。相关的理论不过是一系列假设或某一假设。克伦
巴赫(Cronbach,1975)进一步澄清广受欢迎的概括并不是一个
结论,而更像是一个"基础的假设(working hypotheses)"(见

Lincoln & Guba，1985，pp. 122-123）。这种假设中的信心，可以建立新的案例研究——新的实验——继续产生与相同的理论假设相关的结果。

总之，任何研究本身都涉及概括，案例研究倾向于推广到其他情况（基于分析主张），而问卷法和其他定量方法倾向于推及更多样本（基于统计主张）。

关于案例研究方法定位的评论

前面的回顾提到在开展案例研究时，质性和定量数据的潜在相关性。这种双重性，强化案例研究法作为一种研究方法不局限于任何一种数据类型。需要注意的是，案例研究者应当熟悉从不同证据来源收集数据并使用多种分析技术。

这种认识也与案例研究方法的两种常见刻板印象背道而驰。首先，这个方法是质性研究的一种——如同叙事研究、现象学、扎根理论和民族志等；其次，案例研究方法不过是一个准实验研究设计。目前，这两种印象没有一种是可接受的。

事实上，案例研究方法更多基于自己独立的方法，与质性或准实验研究方法相关但并非完全是其组成部分。案例研究方法有自己的研究设计、数据收集和分析过程。案例研究方法独立性的标志是，当代的学生和学者可以利用本章所提及的质性或定量的技术，开展和完成他们自己的案例研究。案例研究作为一种独立的方法已得到公认，尤其每次有人说她或他想做一个"案例研究"，案例研究方法是作为一项新研究的主要方法——而不是说她或他想做一个实验、一项问卷调查或一个准实验的替代性选择。案例研究也可作为混合研究方法的一部分，与其他研究方法一同使用。

同时，案例研究方法也在演进。案例研究方法的设计、数据收集和分析过程的改进，还需进一步努力，这些任务构成开展案例研究的持续挑战。

2

田野笔记

有些类型的笔记方式，实际上是每个案例研究都通用的。笔记的内容来源多样，既可以是对研究参与者进行的开放式访谈，也可以是所查阅的文档资料，又或者如本章所列举的具体实例一样，是对真实情境所做的观察。因而，在进行案例研究时，懂得如何做好笔记是很必要的。

原始的笔记可以只是简单的只言片语。这种简短的笔记并不需要写出完整的句子，也许是只有你自己能够理解的潦草几笔的特定涂写，除此之外，原始的笔记还可以采用一些简洁的符号，或者是手画的草图等，用来记录一些数字或图表，而非仅是一些叙述性的文本。不管这些笔记是如何记的，你都应当尽快地将它们转换为更加正式的文本。在大多数案例研究中，这种转换工作通常是在田野调查期间的晚上进行。之所以这样安排，是因为它能够唤醒研究者对于白天工作内容的回忆能力，并减少研究者自己都无法解释或说明自己所记内容的尴尬情况。

这些更为正式的文本可能并不是最终发表的任何成果的一部分，所以在这个意义上说，田野笔记并不一定非要讲究辞藻润色，也不一定非要精细修改。其主要目的是通过某种有条理的方式来把握访谈、文档或观察所得到的信息，再将这些信息进行汇编，并将其作为对所有掌握的案例调查资料进行最终分析的一部分。

本章将以某一正式文本（而非原始笔记）为例，说明田野笔记的具体应用。该文本为研究者陪伴一名田野调查参与者，在城市街道走访一天后记下的（在陪伴该参与者走访这一街道的其他几天时间里，研究者同样也做了类似的田野笔记）。这些笔记试图以一种中立性视角来描述实际情景，而不是站在研究参与者或记录者自身的角度。但在笔记中穿插的少数圆括号中，记录者添加了自己的一些评论，作为田野笔记初稿的一部分。方括号里的文本是著者专门为本章添加的附注；本章使用的所有姓名皆为化名。

介绍语

在编撰田野笔记时，作者并不是按照白天进行田野调查的时间先后顺序组织行文的，而是按主题分类，以使行文内容更加连贯。（见材料框1）

哈里·艾罗尔中尉

哈里·艾罗尔（Harry Erroll）在该市的消防部门工作已有大约25个年头了——在头20年里，他主要负责火警事务（大多数发生在那些高报警率的社区），而后的四五年时间里，他则主要处理消防部门与社区的关系问题（由于受了伤，只能承担有限的工作）。艾罗尔在该消防部门里算得上是位不同寻常的人物之一，首先（a），他留有一头长发（他对此坦承说，无论何时他要与同事会面时，都会把头发梳到脑后），其二（b），他信奉一种类似道教的生活方式（他衣服上唯一一颗钮扣是带有道教阴阳图案的），其三（c），他写诗。在过去的10年时间里，艾罗尔个人渐渐发生了一些变化，但这种变化并不是由于某种启发性事件（就我所知的是这样），但是这些变化依然能够反映出哈里对社区关系的兴趣，就如他最初选择到消防部门工作时的兴趣一样。

材料框 1 现实情境中的直接观察

本章中所列举的田野笔记实例,是作者在真实现场情境中观察的结果。进行这类田野调查,是发挥案例研究重要价值的一个方面。

在进行这种直接观察时,田野调查者自身是最为主要的研究工具。不过,尽管这种观察真实性强,可田野调查者还是必须努力避免因自己就一些概念和分类不够成熟的介绍而对观察过程带来的消极影响。即使如此,优秀调查者一般还是明白,直接观察总会伴随着调查者自身方法论方面的挑战。

首先,作为研究工具本身,田野调查者仍会不可避免地带有某种文化观念或个人观念,影响着实际情境的观察、理解与报告过程。其次,在这种直接观察中,田野调查者的在场也可能会无意地影响调查参与者,所以他们所表现出来的一些看似是日常性行为,也可能会包含反应性的因素。最后,田野调查者不可能观察到各个时点上所有地点的情况,因而其选择何时或何地进行观察也可能会折射出他们的另一个随意性的决定。由于这些或其他原因,大多数案例研究并不会将田野观察作为它们唯一的信息源,尽管它们都是非常宝贵的资料。

（详见 Yin,2009a,第 4 章,"直接观察"与"参与观察"部分）

作为社区关系警官,艾罗尔主要负责该市中一个较大区域的警民事务,并有三名助手[此处——列出三名助手的名字]辅助他。艾罗尔与三名助手一起,参与社区会议,为社区儿童及成年人举办相关讲座,或者参与相关的居委会活动。显然,四名警官决定各自的工作安排,在某一特定时间前后填写活动报告。而不同的是,其他三名助手还要负责指定的次区域事务,但对这三个区域的管理并非艾罗尔中尉的职责所在。

第 10 消防大队

  艾罗尔在第 10 消防大队拥有一张办公桌,而第 10 消防大队也是地区消防总部所在地,因而在消防大队一楼,有很多其他在此拥有部分职责的警官。在今天田野调查的前 4 小时里,我与艾罗尔就是在此度过的,其中,艾罗尔向我展示他平常所用的一些日常报告、材料和图片的样例。

  在这 4 小时里,我们大致交流的主题包括:骚扰(社区的孩子们告诉哈里,他们觉得向消防队员扔石头很有意思,当被告知他们的行为威胁到火灾现场其他人的生命时,他们说现在只在消防队员明显要回到大队时才扔石头);由于组织要求火灾事故发生时,所有人员都必须赶赴事故现场,因而需要锁闭消防大队办公楼房,这导致在事故反应时间上稍微延迟;艾罗尔为鼓励社区更多孩子考虑市内机构的工作机会,及鼓励市内机构为孩子们开发适当的就业培训项目所做的一些文书工作。

社区街道

  消防站附近及整个社区街道的一大特点是垃圾遍地,这些垃圾堆放在那里已很长一段时间了。大部分的垃圾出自各类原因,并没有放进垃圾箱或装封袋里。首先,周边许多车辆(包括废弃车辆)堵塞了垃圾车进入的通道。其二,周边商店制造的垃圾量与附近的居民相差不多(由垃圾箱里的板条箱和纸箱可看出)。其三,垃圾没有堆放在垃圾箱里或垃圾袋里,也增加了垃圾清理的难度。其四,街道周边的空地引来一大群拆箱工。

  车辆停放问题也是导致消防队员与社区居民关系恶化的一大原因,因为消防队员经常驱车去上班,并喜欢把车辆停放在消防站附近。哈里说,消防队员们并不认为把车辆停放在消防站附近违反了车辆停放规定,他们认为这么做是他们工作的一部分,而在过去的时间里,消防队员与当地居民之间由于停车场地问题而发生的纠纷已不止一起。消防站附近车辆乱放的一个后果便是,消防站所在的街道变成该区域卫生最为恶劣的街道之一。

三个社区组织(一项对比研究)

我们访问了三个不同的社区组织:青少年与社区服务中心(Youth and Community Center)、纽约男孩俱乐部(Gotham Boys Club)、城市特遣队(Urban Task Force)[此处列出各个俱乐部所在的路口及地址]。其中,青少年与社区服务中心是由一群活跃的非裔美国人经营的,虽然其店面看起来略微"寒碜",但是内部装修得颇好(地毯、台式电脑、现代家具、相当大的办公用复印机)。中心的生意兴隆,并配有 4~5 名员工[此处列出各位员工的姓名及其职位]。该中心成立约有 20 个月,它主要由一些私人基金赞助,积极致力于发展一些街道性项目,目前中心也正在寻求其他方面的资金支持。

第二家社区组织——纽约男孩俱乐部,由一位年龄较大的男子——曼托斯先生负责经营,这家俱乐部还配有一个泳池及其他娱乐设施。俱乐部大部分开支都由一些意大利人赞助,俱乐部还设有暑期夏令营项目。曼托斯先生说,俱乐部是 11 年前建立的,刚刚成立的头几年是俱乐部最为艰难的时期,因为当时员工还必须解决当地街道帮派困扰的问题。大约五年前,俱乐部停办了各类舞会,但除了这一变化之外,对俱乐部的印象是它整体已经得到很大改善,尤其是比刚刚成立头几年时的情况大不一样。最近一段时间,消防大队开始在俱乐部里开班设课,课程每两个星期举办一次,主要是教育孩子们有关火灾及防火方面的知识。哈里把俱乐部里的工作人员描述成那种较为严格、老派的人,而且他和其他同事还需管理班级,确保这些工作人员不掺和进课堂。

第三家社区组织——城市特遣队,是由该市青少年机构的阿尔·鲍尔(Al Ball)及机构秘书处经营的。鲍尔是一个非常"资产阶级味"(哈里的话)的非裔美国人。这家组织内部装修破旧。让鲍尔理解防火问题与其他社区问题间的关系,实在费劲。从特遣队某次会议记录(有特遣队之前五次会议的记录)中,可以掌握一点有关特遣队日常工作的概貌(似乎它并没有和青少年与社区服务中心紧密配合)。但通过该会议记录来看,似乎无论是特遣队还是鲍尔本人都对于自身角色定位不清,且并没有真正地融入社区。

社区周边

哈里和我有时驱车有时走路,走访了该区域中许多最脏乱的地方[此处列出具体路名]。其间,哈里带我参观他曾执勤的一个地方。这个地方是一处空地,地上有许多石子,孩子们就是拿着这些石子投扔附近的建筑(及消防队员)。哈里在此执勤,但没有取得什么效果。在路上,我们遇到哈里的一个街坊朋友[此处列出该人的化名]。这名男孩大约17岁,我们遇到他时,他正要去法院为某人保释。他话语不多,但是相当地和善(有一次他还帮助哈里避免一场消防队员与街坊居民间的纠纷)。他觉得街道的情况在他住到这里[此处列出该区域的范围]的7年间明显恶化,但是对于这种恶化现象,他只能举出垃圾问题这一个具体例子(我们谈话时正站在一堆焚烧后的垃圾及啤酒罐旁,这堆垃圾足有四英尺高,而这位男孩说垃圾堆放在这里已有约一个月时间)。

之后,我们又驱车去了该区域一个情况略好的地方[此处列出具体的街道名称],这里有很多的木板房及房主。该街道设有一个街道委员会,委员会对于本街道的事务显然相当上心。此外,我们还参观了哈里上周演讲过的一所学校。在参观这所学校的时候,哈里把之前活动的照片给了一位老师,而这位老师给了哈里一份从上期的《星期天电讯报》上剪下的关于一只消防犬的报道。

"阿尔蒙特妈妈(Mama Almonte's)"是午餐的绝佳去处。它的"古巴三明治",比市中心的任何外卖都要好。在去往阿尔蒙特妈妈的路上,我们还看到该区域的一小块也相当破旧的地方。

火 灾

大多数人都认为,电线老化是造成火灾的主要原因。分布在该区域的老公寓,一般都承受不了熨斗、烤面包器、空调或其他一些常用的电器设备。城市特遣队的鲍尔先生对这些房屋的问题较为了解,而他也说即使重新整修公寓,房东也得不到多少利益,因为租金也提高不了多少。但是,在我们参观这些地方的时候,没有一个人(除了消防队员)提到过其他的火灾问题,比如说假警报等。

在预防火灾方面,哈里提到,在消防大队,配有一支精良的消防团队,专门负责各所学校各间教室的火灾安全问题。但是由于工会的压力,这支队伍的规模被裁减。现在,哈里还有其他的社区关系官员经常要站在各个学校的礼堂,面对一大群学生进行演讲。哈里说,比起以前他到各间教室进行演讲,这样与孩子间的交流就变得更少了。同时,他还试图对消防部门与警察局二者的角色进行区分,他认为消防部门发放的制服妨碍了人们对二者的区分,因为他们的制服与警察的制服特别相像。但是,哈里也指出,一些消防队员可能也不太想与警察分立而论;有很多消防队员就是不明白与街道居民或孩子进行交流的必要性。

总　结

对于哈里·艾罗尔先生,有一些东西在前文还没有提到。他的观点,如我已经指出来的,其实更倾向于社区而不是消防队员,而且他还一直在尝试教育二者。

哈里并不是一个很固执己见的人,对市里其他一些机构的服务,虽然有好几次不愉快的经历,他也鲜有抱怨。而且,作为一名观察者,哈里并不把自己的成见强加于观察之上。我感觉能够从观察中得出自己的观点,哈里也从不做任何后续的评论。同时,哈里确实有一些自己的想法,他自己也尝试着表达自己的想法。

首先的一点是,良好的社区关系取决于更多的人员和资金投入(但是他并没有详论这一点)。其二,该市应当向本市居民开放更多的就业机会,尤其对那些低收入的居民。目前该市很多工作人员并不住在他们工作的这一城市或街区,因而,从某种角度来说,他们就像是这所城市的寄生者。其三,哈里认为房东们都太陈腐,让人们参与所在社区事务的唯一办法是采用共同式或协作式管理,取缔任何形式挂名的所有权或管理权。这可能并不是一个新提法,但据近期发布众所周知的呼吁给予房东更多经济回报的报告,我觉得它很有趣。

哈里对自己工作的投入,完全出于他本人的原因。他完全可以随时退休,并享受自己的各种活动。我们只有通过观察他的日常工作才能对他有所了解,因为他不大愿意用言语来解释他的工作。

在下一次的田野调查中,我向哈里提出让他带我去参观其他一些不像我们今天看到的这样破旧的街区。同时,我们也将会去拜访街道居委会的一些领导(从我们与鲍尔的讨论中了解到,这里面至少有一个相当活跃的群体,主要由一些房客组成)。

幕后故事:提出初步的研究问题

第 2 章的田野笔记来源于某研究的初步阶段,该研究是有关某城市街区街道生活的。在该笔记中,记录一系列第一次导入性访问调查的情形。在这一导入阶段之后,研究者随后又就该街区进行一次为期三个月的全面参与式观察。

你可能会发现,这一田野笔记并没有包含任何研究问题,而且除了所提到的对几个社区组织进行访问外,这份笔记看起来似乎也没有太多实质性的方向。事实上,在笔记最开始的转承处,仅仅提到了该研究将要探讨消防官兵与其工作的社区中居民的关系问题——因为二者间的关系已下滑至一个令人无法接受的水平:居民一直对消防官兵的工作进行扰乱(比如:当消防官兵在灭火的时候向其投扔东西),发放假警报导致消防车辆没必要的出动;或制造其他形式的混乱等。然而,从这份田野笔记可以看出,在第一次进行田野调查时,并没有表述出具体的研究问题。所以在那个时候,没有人知道该研究将要如何设计或实施,甚至要调查、收集何种类型的资料。

课堂讨论和书面作业

提出一系列在该案例研究后续阶段可能会强调的研究问题。提出这些问题必须要说明消防官兵与其工作的社区中居民的关系,而且资料应当假定来源于参与式观察的田野调查。在列出这一系列问题后,对之进行优先排序,看看如果解决这些问题能否在总体上为做好一个案例研究服务。

3

理论在案例研究中的作用

依靠理论概念指导研究设计及资料收集工作,依然是保证案例研究成功实施最为重要的策略之一。无论是实施探索性研究、描述性研究还是解释性研究,这种理论概念都是十分有用的。

在着手进行案例研究时,研究者的首要目标是找出一些初步的构思。与任何其他的实证研究一样,使用这些构思的目的就是为了让研究者明白,研究与哪些相应的研究文献有所关联,这样,在讨论研究结果时,便能更容易地就某个既定主题提出相关见解。而与其他类型研究有所不同的是,这类理论构思在以下几方面对案例研究的作用可能更为重要:帮助界定所需研究的"案例";帮助确定寻找与筛选案例对象的标准;帮助把握相关的主题,并确定所需收集的资料。在初步理论构思的指导下,这些工作将变得更加容易,即使后来你需要根据早期收集到的资料对自己的案例研究进行重新定位,亦不例外。

本章将以五个不同的案例研究实例为对象,说明理论如何应用在案例研究中。这五个案例研究实例的主题分别是:①规划当地服务并使创新常规化;②建立和保持组织之间的合作关系;③在特殊教育(对残障学生进行的教育)领域内实施的措施;④吸引高技术公司入驻研究园区;⑤解释某一自然灾害研究结果最终如何及为何用于实践。

理论在案例研究中有何作用?

有关理论在案例研究评价中的作用,已有不少研究(Chen,1990;Chen & Rossi,1989;Sutton & Staw,1995);有关理论在案例研究设计与实施中的作用,研究者们同样也很感兴趣。理论对案例研究的重要性体现在以下多个方面:

- 在进行探索性案例研究时,界定探究的对象;
- 在案例研究中,界定将用到的"案例"的性质;
- 在进行描述性案例研究时,定义什么是完整适当的描述;
- 当进行解释性案例研究时,提出竞争性的理论。

由此看来,"理论"一词不只包括因果关系。相反,"理论"意味着根据文献、政策问题,或其他实际来源之间的联系对研究步骤进行设计。但并不包含对研究资料是否能够取得、研究的便利程度、后勤保障因素或其他非本质性问题的考虑。恰当运用理论,有助于划定案例研究的边界,得出最有效的设计;同时,理论对之后的归纳结论也是必要的(见材料框 2)。

本章将列举五个基于理论的具体实例。这五个例子包含如何将理论运用到探索性案例研究、案例的选择、描述性案例研究及两种类型的解释性案例研究中。

探索性案例研究

探索性案例研究也许给所有案例研究带来了最坏的名声。这种案例研究在最终确定研究问题和具体方法程序之前,要进行现场调查与资料收集工作。通常研究者都是跟着自己的感觉走,所以人们认为这种研究方法太过草率。然而,

材 料 框 2　理论在案例研究中的应用

　　如本章所列举的五个案例研究实例表明,理论性思考在案例研究多个阶段都会起到重要的作用。然而,尤其是在收集到任何资料之前,如何确定这种理论,有时候也是一件难以把握的事情。一个理想的理论绝不是要像社会学里面的"宏大理论"一样正式,它只须为你提供研究所需的蓝图即可,比如说提出一个"[假设性]情况,说明某些行为、事件或结构是如何[及为何]发生的。(Sutton & Staw,1995,第378页)

　　举个例子来说,如果你正处于案例研究对象的选取阶段,那么要确定的这种理论应当是有关案例本身的(本质的,而非逻辑)特性。说清这些案例是如何及为何看似有着特殊性意义,本身即是一项重要的理论陈述的开始。之后,若有需要,你可以将这些陈述与相关文献联系起来,这样,甚至也能增加单案例研究的意义。

　　再举一个例子,如果你正处于研究结果的总结概括阶段,那么,之前确定的这种理论便可以帮助指出最终的结果是如何及为何可与其他相类似情形或条件相联系的。探明这些及其他"如何"及"为何"的问题,能够帮助你提升案例研究的价值。

(详见 Yin,2009a,第2章,"理论在研究设计中的作用"部分)

　　无可非议的是,这类研究的目的可能就是要通过直接观察某种社会现象的自然状态来发现理论(Glaser & Strauss,1967)。此外,当探索性案例研究最终的研究问题及方法程序确立后,最终的研究不一定是案例研究,而可能采用其他研究形式。因此,探索性案例研究也一直被看作是很多社会研究(而不仅仅是新案例研究)的前奏(见材料框3)。

　　本节所列举的探索性案例研究实例,源自有关城市服务创新常规化的最终研究(Yin,1981,1982)(当前对这一主题的研

材料框3 探索性案例研究

在探索性案例实施过程中,主要的问题是,调查者错误地将探索性阶段收集到的资料用作后续案例研究的一部分。这种做法饱受批评,因为这样你会发现,自己所做的案例研究,所包含的内容全是自己要找的。因而,你应当严禁将这种探索性(试验)痕迹带入到实际的案例研究中。

探索性案例研究可以单独进行。你之所以进行探索性研究可能是因为在最开始的时候,你对自己预期的案例研究中的几大主要方面并不确定,比如说,研究的问题、研究的假设、资料收集的方法、资料收集的途径或者资料分析的方法等,所以,你需要对其中的一个或多个方面进行一些探索性调查。而一旦调查完成,你就应当将这一阶段视作已结束了。之后,你便可以开始采用完整的研究设计、全新的一组信息及资料,进入到真正的案例研究阶段。

(详见 Yin,2009a,第2章,"理论在研究设计中的作用"部分)

究通常被归入到"可持续性"研究这一相关概念中)。在采用服务创新后,该城市的服务部门面临如何延续创新的困难。这意味着一项创新服务被采用2~3年后,显示出预期的成效,但往往随即寿终正寝。研究的政策目标是确定如何避免这种后果。

该探索性案例研究是最终研究的试验性研究的一部分,共包括12个案例和一项电话访谈(访谈的内容是有关其他90个地方的创新情况)。在试验阶段,研究小组花费很多时间从7个地点收集大量的资料(在最终研究中全部没有用到)。尽管试验性研究与正式研究的比例如此之高(7:12),但研究小组仍有一些重要问题尚未解决。

探索性问题:创建研究框架至为必要

在最终研究开始之前,研究小组仅能确定研究设计的概貌。首先,研究小组知道要筛选出不同类型的创新服务,但创新的类型事先并没有确定。其二,研究小组要遵循回溯设计(retrospective design):所要研究的地点应当是那些已知的、将某种创新服务常规化的地方,因此,不得不通过回溯的方式来收集资料,这样才能够推断出整个常规化生命周期。其三,研究小组主要关注常规化过程中实际的行为事件,而不是人们对这些过程的看法。然而,在如此广泛的主题范围内,具体的设计与数据收集的方法是不确定的。因此,试验阶段既要确定将要研究哪些创新和服务,也要确定将要采用的概念框架和操作方法。

试验的关键是通过一种特殊的试验方案来详细描述某项创新的生命周期可供选择的特征。研究小组明白,"采纳——实行——常规化"大致构成整个生命周期,但是他们事先并没有提出具体的假设或措施来推进实证调查。因而,从这个意义上说,试验方案促使研究者提出一些操作性的概念,而不仅仅是提出一些方法论问题。

研究小组对每一试点进行调查后,都要对试验方案进行修改。这样一个重复的过程促使研究小组不断地提出问题,这些问题包括:是否已有充分的信息以放弃现有的探索性问题? 是否出现新问题,需要提出新的问题框架? 现有的问题需要修改吗? 此外,研究小组还有意考察一系列的创新实践,并选定最终的六种类型。更重要的是,该试验研究帮助研究小组对最终研究的概念框架做出改进。最终,研究小组形成研究创新周期的假设问题及测量工具。

列举结果和重要经验

研究小组通过初步试验确定 3 种城市服务(法律实施、教育、火灾防范)中的六类创新行为,并最终选定 100 多个研究地

表 3.1 与常规化过程相关的组织阶段及周期

资源的类型或管理	阶 段	周 期
预算	创新支持实现从一般预算到专项预算的转换	延续的年度预算周期
人事:岗位	职责成为职业描述或任职资格的一部分	—
职工流动	—	延续的新员工的引入;延续的核心职员的晋升
职前培训	技能成为职业标准、职业学校课程的一部分	—
在职培训	—	在多个培训周期传授的技能
组织治理	通过创新活动获得适当的组织地位	获得广泛应用
供应及维护	机构提供供给与维护服务,或长期提供供给与维护服务	延续下来的设备更新

注:soft money 和 hard money,通常会理解为纸币和硬币,但 soft money 和 hard money 在美国还有另外的含义,主要用于政治捐赠,直接支持某位竞选人的捐款称作硬性捐款(hard money),soft money 则主要指直接支持某一政党的捐款,称作软性捐款,二者在经费使用限制、捐款额度、经费来源等方面都有较大区别。——译者注

点进行调查。然而,初步试验最重要的成果是确定假设的创新常规化过程的概念框架以及操作方法。如表 3.1 所示,这里将可测量的组织事件分别划分为"阶段"或"周期"两类。同时,经预测,有些阶段或周期是发生在常规化之前,而有些则是发生在常规化之后。概念框架明确地指出研究所需收集的资料,并推动最终研究的进行。

初步试验的另一个重要结果是发现,虽然在案例研究中可以使用单一的试验方案,但研究小组必须为电话访谈单独设计出 6 份独立的问卷,每份问卷适用于一种创新类型。就电话访谈而言,由于术语和事件完全不同,因而无法共用一组问题。

这一发现意味着研究小组有许多意料之外的工作要做。事实上,研究小组在整个试验阶段都十分排斥这一情况,因为这将为研究带来额外的工作量。但是,仅用一份问卷显然是行不通的。

这次试验性研究说明,详尽的探索工作能够细化先前在宽泛主题范围中识别出来的关键的概念主题。强烈建议把试验研究作为一种工具,确保研究工作的进展能遵循某些探索性理论,而不是只在探索阶段徘徊不前。

案例选择与筛选:标准与程序

选择案例研究对象时,澄清与研究目的有关的理论问题,同样也能为案例的选择提供有用的指导(见材料框4)。在本

材料框4　案例的筛选

案例的筛选工作不应仅为了研究资料的收集便捷,找一些最方便的、最容易获得资料的案例(或实际场景)。筛选的案例,如果不是有力的或实质性的证据,应至少有清晰的理由和依据。比如说,你可能想通过几种典型情况来说明所要研究的现象,或者选择多个案例,以涵盖各类不同的情况。

但不管是出于哪种原因,案例的筛选工作都必须要事先完成;所以在制定研究计划的时候,你就应将这一过程视作计划的一部分。在筛选案例时,首先需要收集充足的资料以确定某个案例是否符合自己之前就已确立的标准。最理想的案例筛选过程是,首先确定好一系列候选的案例,但避免收集过多资料以免使筛选工作近乎实际的案例研究。换句话说,你需要尽量小心避免让这种筛选过程变得太过耗费时间和财力。

(详见 Yin,2009a,第3章,"为案例研究筛选案例对象"部分)

节中,将例举一项与地方职业培训及经济发展有关的研究,具体说明在该过程中会存在哪些困难,以及如何克服这些困难。

研究问题:在地方层面建立职业培训与经济发展的联系

该研究的主要目的是,考察地方层面的职业培训(针对就业难的人员)与经济发展成果之间的联系及其如何带来不同的结果(COSMOS,1989)。对于参与培训的人员来说,潜在的好处是,他们更有可能在新兴产业与职业中找到工作,并获得更为长久的工作机会。对于新兴产业的雇主而言,这种联系能为企业提供更多训练有素的员工,从而使其招聘过程变得更加简单。如果没有职业培训与经济发展之间的联系,则这两种优势都难以实现:仅有职业培训,很容易将那些难就业人员安置在低成长性的岗位中;仅有经济发展工作,则很可能会过于关注雇主对于设备与资本的需要,而忽略他们对于人事聘用的潜在需求。一系列案例研究考察职业培训与经济发展联系的多种模式,并探讨这些结果是如何产生的。虽说"联系"从概念上讲很简单,但做操作性定义却非常困难。哪些案例会与此相关?

分析单位

首先面临的问题是如何界定"案例"。研究小组明白,这种对象(案例)并不一定仅指某个单一的组织或行动;为了研究联系,组织间的共同努力(两个或多个组织之间)或联动(职业培训与经济发展)可能就是"案例"。因此,辨别这些联合行动(或共同效应),成为案例筛选工作开始前首先需要完成的任务。

这些共同效应的背景是更难把握的特征。在地方层面,这种效应至少体现为三种不同的选择:联合项目、联合计划或跨组织行动。联合项目包括某社区学院与本区域内高增长行业公司进行合作,开设这些公司的入门工作所需技能的课程。研究小组发现,在已出版的文献中,这类联合项目的例子数不胜数。联合计划包括那些为失业工人提供全州范围内的培训计划。一般来说,这些计划性努力比单一的项目更具持久性。在该案例研究开始之前的几年中,许多州都开展了这类计划。相比之下,跨组织行动不限于单一的项目或计划。而是指两个或多个组织通过共同参与某种形式的合作——如建立合资企业、建立联盟或者利用组织机构间的现有协议,来协调职业培训和经济发展活动。

从这三种选择而言,相关理论和政策在研究小组的最终抉择中起关键性的作用。首先,现有文献表明,这三种选择都是互不相同的——某一案例不能与其他案例相混淆。例如,计划要比项目需要更多的开支,而跨组织行动可能是最麻烦的,但能形成多个项目或计划。

其次,尽管从长远看,组织间合作更有利于地方能力的建设,但现有文献对此关注度不高。因此,有效的跨组织合作地区更容易使许多行动延续下去,且不易受单一的项目或计划的偶然性影响。

再次,研究小组想要进一步了解关于跨组织合作的情况。多年来,研究一直都较为关注公私合作关系,不仅包括就业与经济发展领域,还包括很多针对特定群体的服务(比如:住房、教育、社会服务、医疗、心理保健,以及社区发展等)。但是,现有的文献关于跨组织合作的运行方面——它们如何形成、因何兴盛以及如何持续——的认识还浮于表面。

最后,对跨组织间合作的研究,同样也可以涵盖合作中的项目或计划(嵌入式的分析单位)。所以从某种意义上说,跨组织合作的研究同样也能涉及其他两种选择。基于上述原因,研究小组最终选定跨组织合作作为研究的案例类型。

案例筛选的标准

在筛选案例前,首先有一个实用性限制,即研究只能选取一小部分案例作为最终的研究对象,因为研究小组打算就每项跨组织间合作都收集全面的资料——从每个参与研究的组织直接收集数据,而不是仅仅从主要组织采集数据。这一限制主要源于研究小组想对每一项跨组织间合作都做详细的考查,因为研究小组怀疑没有哪个单一的组织能够掌握这样一个多元化联合项目和计划的准确信息。

案例筛选的另一限制是,研究要适应国家的政策。尽管没有一个代表性抽样方案可适用于这么小的样本,但一些分布因素仍然需要引起注意。总之,研究需要多案例,但只能对一小部分案例进行研究,因而,在选取最终的案例时需要采用复现逻辑(replication logic)。

在运用复现逻辑的时候,案例选择的首要标准是,每个案例的结果都要具备典型性,且必须要在最终的案例确定之前表现出来。典型性案例设计已作为案例研究的重要应用而被引用(Ginsburg,1989)。复现逻辑的基本问题是,每种情况中相似的事件是否都是这些结果产生的原因。第二个标准则反映研究的政策取向——有些跨组织合作中有一个联邦资助的组织居于中心地位,但在另外的一些跨组织合作中这类组织处于边缘位置。第三个标准是,这些案例涵盖不同的地理区域,尤其是不同经济条件下的案例——即所谓的"阳光地带(sunbelt)"、"多雪地带(snowbelt)"和"铁锈地带(rustbelt)"①。

基于以上考虑,研究小组最终选取 6 个案例。所有案例都必须有已经记录的、典型性的结果,方可通过研究小组的筛选。其中三个案例的共同之处是它们都有一个接受联邦资助的组织居于核心地位,其他三个案例中此类组织处于边缘地位。同时,这六个案例必须涵盖不同特色的地理位置和经济条件的区域。

案例的筛选

确定案例筛选的标准后,接下来就需要下大工夫筛选备选案例。这项工作不是简单的使用复现逻辑,必须预留足够的时

---

① 阳光地带主要是指美国北纬36度以南地区,阳光地带的主要特征是夏季长,冬季温和,气候适宜;多雪地带主要是指美国北部的五大湖区域,由于湖泊效应而使大雪尤为常见;铁锈地带主要用于非正式描述的后工业区,主要特征是废弃的工厂、经济衰退、人口减少。——作者注

间和资源用以支持筛选过程。同时,如果控制不当的话,任何一个备选案例的筛选都会造成很大的工作量。筛选的资料,也会像实际研究中用到的一样多(你不可能对每一备选案例都进行一次案例研究)。尽管如此,你还是必须准备收集和分析真实的经验数据。

研究小组通过实地接触大量个人、参考可利用的报告和文献来启动筛选过程。通过这些信息确定符合案例筛选标准的62个备选者名单,然后,研究小组试图通过书信与电话两种形式与这些备选者联系,并获得47个备选者的信息。

这些信息主要通过长达45分钟的结构式访谈获得。研究小组鼓励每个备选者提交有关组织运作情况的书面材料及报告。接着,研究小组选择22个备选案例可以进入下一步的筛选过程(表3.2同时也列出另外25个被排除的案例及其被排除的原因)。最后,研究小组通过各备选者提供资料的全面性及案例地点的易到达性,从这22个备选案例中选定最终的6个案例。

重要经验

案例研究的这个阶段可占整个研究的很大比例。近来有资料证明,选择过程耗用了整个研究大约20%的资源。研究资助者不大容易接受这么大的投入,然而如果不能适当地实施选择过程,那么在随后的研究中将出现更多麻烦。

还有一种方法在该研究中并未运用到,但在其他的案例研究中都有所运用。该方法能使案例的筛选过程更加规范,并产生更多有用的信息。这种方法就是将案例的筛选过程作为一项正式的调查来开展。这一调查的设计,将取决于能否制定出一个总体的、抽样的方案。不过这一调查不仅能够获取各个样本与筛选标准有关的信息,同时还能够提供各个样本其他方面的描述性特征。由于样本的可代表性,描述性特征可以用作最终研究的背景。从这个意义上来说,这一调查将对整个研究有益,而不单单是起到筛选案例的有限作用。

表 3.2　研究小组筛选出的组织列表

I. 可进入下一步筛选过程的组织

类别	沟通过的组织名称	地点／经济带	区域类型
候选机构地方发展部门的参与	切斯特郡就业培训办公室	西切斯特,宾夕法尼亚州／铁锈地带	乡村—城郊
	大急流城发展办公室	大急流城,密歇根州／铁锈地带	市内—城郊
	哥伦比亚,印第安纳经济发展委员会	哥伦比亚,印第安纳州／铁锈地带	乡村
	科珀斯克里斯蒂老年服务部	科珀斯克里斯蒂,得克萨斯州／阳光地带	市内
	社区与发展部	洛杉矶,加利福尼亚州／混合区域	城郊
	经济发展办公室	塔科马,华盛顿州／混合区域	市内
	经济与战略发展办公室	默塞德,加利福尼亚州／阳光地带	乡村
私人工业委员会、职业培训合作组织的参与	东北佛罗里达私人工业委员会有限公司	杰克逊维尔,佛罗里达州／阳光地带	乡村—混合型
	比马郡社区服务部	图森,亚利桑那州／阳光地带	城市—乡村—城郊
	波特兰私人工业委员会	波特兰,俄勒冈州／混合区域	城市
	斯诺霍密什郡私人工业委员会	埃弗雷特,华盛顿州／混合区域	乡村—城郊
其他独立组织的参与	南海岸私人工业委员会	北昆西,马萨诸塞州／多雪地带	城郊
	萨斯奎哈那地区私人工业委员会有限公司	哈佛格雷斯,马里兰州／混合区域	乡村—城郊
	西密苏里私人工业委员会	锡代利亚,俄勒冈州／混合区域	乡村
	尤马私人工业委员会	尤马,密苏里州／混合区域	城市—城镇
	卡托卡纳社区中心公司	代因海滩,佛罗里达州／阳光地带	城市
	大沃纳滩社区大学	沃特伯里,康涅狄格州／多雪地带	城市—乡村
	内华达州就业贸易委员会	里诺,内华达州／多雪地带	城镇
	内华达就业指导中心	米尔福德,新罕布什尔州／多雪地带	城市—乡村
	蒙纳德诺克培训委员会	拉斯维加斯,内华达州／阳光地带	混合型
	内华达经济发展服务部	西雅图,华盛顿州／混合区域	市内
	西雅图国王郡经济发展委员会		市内—城郊

续表

II. 被排除进入下一步筛选过程的组织

类别	沟通过的组织名称	地点/经济带	区域类型
经济发展活动的信息了解不充分的组织	剑桥郡仪器有限公司	布法罗，纽约州/多雪地带	市内
	罗德岛社区学院	林肯市，罗德岛州/多雪地带	城郊
	弗洛斯特有限责任公司	大急流城，密歇根州/铁锈地带	市内
	夏威夷企业培训与发展学院	檀香山，夏威夷州/阳光地带	市内
	城市再就业职业技术学院	印第安纳波利斯，印第安纳州/铁锈地带	混合型
	城市再就业项目	圣路易斯，密苏里州/铁锈地带	市内
	国家技术大学	考林斯，密苏里州/多雪地带	混合型
同时进行职业培训与经济发展工作的单个组织	沿海企业有限公司	威斯卡西特，缅因州/多雪地带	乡村
	合作家庭护理协会	布朗克斯，纽约州/多雪地带	市内
	埃斯佩兰萨尤耐达有限公司	密尔沃基，威斯康星州/多雪地带	市内
	焦点希望	底特律，密歇根州/铁锈地带	市内
	女性经济发展有限公司	圣保罗，明尼苏达州/多雪地带	市内—城郊
同时进行职业培训与经济发展工作的培训机构	大峡谷商业发展与培训中心	莫尔文，宾夕法尼亚州/铁锈地带	乡村
	卡顿斯维尔社区学院	巴尔的摩，马里兰州/铁锈地带	市内—城郊
	汉兰达经济发展中心	纽马基特，田纳西州/阳光地带	乡村
	佛罗里达就业服务部	佩里，佛罗里达州/阳光地带	乡村
	卢泽恩郡社区学院	楠蒂科克，宾夕法尼亚州/铁锈地带	市内—城郊
	马萨诸塞州职业发展学院	斯普林菲尔德，马萨诸塞州/多雪地带	市内
	尼亚加拉郡社区学院	桑伯恩，纽约州/铁锈地带	市内—城郊
	彭萨科拉初级学院	彭萨科拉，佛罗里达州/阳光地带	城郊
州级机构	亚利桑那经济安全署	凤凰城，亚利桑那州/阳光地带	大部分为乡村
	蓝草州级技术公司	法兰克福，肯塔基州/混合地带	大都市—乡村
	特拉华州经济发展部	多佛，特拉华州/混合地带	混合型
	爱荷华经济发展办公室	得梅因，爱荷华州/多雪地带	市内—乡村
	北卡罗来纳社区学院部	罗利，北卡罗来纳州/阳光地带	混合型

描述性案例研究

通常,研究人员都比较重视对解释性理论构建的指导,而忽视对描述性理论构建的指导。尽管如此,许多案例研究将"描述"作为它们的主要目的。在这种情况下,仍然需要通过某种理论指导确定资料收集的重点。那种"让我们收集一切有关的信息"的传统观点已经不灵了。如果没有描述性理论,研究者在限定范围方面将会遇到很多问题。

多案例研究设计

本节是关于描述性理论运用的介绍,例举一项针对 4 个州(马萨诸塞州、南达科他州、北达科他州、新泽西州)特殊教育(对残障儿童进行的教育)进行的研究(Pyecha et al. ,1998)。这个案例研究遵循模式匹配程序,依据两个相互竞争的、理想化的理论模式对各州活动情况进行比较。预期有两个州(马萨诸塞州、南达科他州)将遵循其中一个模式,而另外两个州(北达科他州、新泽西州)则遵循另一个模式。

因而,这个案例研究的设计,即使是描述性研究,也要遵循复现逻辑。如果没有充分的理论依据,将很难说明州和州之间的区别和相似之处。换句话说,理论的作用是界定两个州之间的关键差别何在,研究设计的关键是详细的、事前的竞争性理论模式(被描述为替代性方案)。专家帮助制定并审查这些方案(或描述性理论),用于与实际数据相比较。

研究问题:分类教育与非分类教育

中小学阶段的特殊教育通常以分类的、封闭的班级形式进行。在这样的形式中,学校首先根据学生的残障情况对其进行分类;接着,学校把残障情况类似的学生组织在一个班级内,接受相同的教育。这种特殊教育的理念认为:(a)不同的残障源于不同的病因；（b）不同残障的学生有不同的学习需求；因而（c）必须根据不同类型的残障学生制定不同的教育方式，因材施教。此外，根据学生的残障情况进行分组，可形成同质性更强的班级，容易实施教学。

虽然这一论证看似合乎逻辑，但与它相对的另一种教育理念认为，残障学生的教育需求和学习过程与其他残障学生或正常学生基本上没有差异。这些学生之间可能在成绩水平上存在差异，但这一差异与其各自接受的教学方法无关。因此，除非没有条件，否则残障学生和正常学生应在同一班级学习，学习相同的课程内容，接受同样的指导。

这种教育理念以非分类教育而闻名，与分类教育相比，非分类教育有以下几大优势：首先且最重要的是，非分类教育允许残障学生就近入学，而分类教育则会因为规模要求而导致残障学生不得不到较远的地区接受教育。其二，非分类教育完全与普通教育融合在一起，而分类教育则产生一种双轨的教育体系（一轨是为普通教育学生设立，而另一轨则是为残障学生设立）。其三，非分类教育还可以避免给学生贴上残障标签所造成的潜在负面影响。

教育界关于这两种不同教育理念的争论，一直都很激烈。在20世纪七八十年代，这4个州中有2个州选择实施非分类的教育体制——马萨诸塞州和南达科他州。对于非分类教育制度和分类教育制度的实际差别的研究，都应当被看作是多案例研究。

这项研究的目的不是确定哪种教育体制更为优越。相反，研究的目的在于，描述当前非分类教育制度的具体实践，判断这类教育实践是否真正不同于分类教育制度的实践。

案例的选择

由于州政府是各地公立教育的主导力量，因而在本节所列举的例子中，州教育厅被确定为案例研究的对象。该研究不得不把马萨诸塞州与南达科他州包含在研究范围之内，因为它们是全国仅有的实施非分类教育制度的两个州。出于对比的目的,研究小组选择地理特征相似的两个州与这两个州进行结对比较——新泽西州与马萨诸塞州比较、北达科他州与南达科他州比较。

在美国各州,教育都是由地方层面实施的。因而,研究小组从4个州中共选出28个学区进行研究,以此作为嵌入式分析单位。研究需要从各个学区收集资料,以确保各州层面的政策差别确实造成地方层次的不同实践。因此,28个学区的选择是基于州官员的判断,如果该官员认为某学区忠实地执行了州政策,那么就把该学区当作分析对象。因此,学区的选择再次体现了复现逻辑。

描述性方案的提出

在设计该案例研究时,首先需要认真制定两种教育体制的理想化方案。研究小组根据文献调查及专家建议提出初步方案,之后专家咨询组对初步方案进行复查,并做出重要的评价与修正。最终方案成为数据收集方案的基础。

上述方案在研究设计中的重要性不可低估。然而,描述性研究常常没有预先确定描述现象的关键要素,继而导致数据的收集漫无目的,而接下来的案例研究甚至可能会包含不可取的循环论证——最终的描述会同时夹杂着所期望寻找的证据及实际寻找到的证据。但不同的是,在本节所例举的具体实例中,方案的设定意在重新抓住分类教育与非分类教育的本质要素。方案制定中的核心问题是,"地方教育制度必须有哪些具体的教育实践,才会被看做是分类教育(或非分类教育)的一个范例?"这些方案及其运用确定与其相关的数据收集工作:逐个考察28个地方学校制度中一系列实践(10个分类教育的实践,17个非分类教育的实践)的有无。

需要注意的是,在这一方案下,并不排斥某些未预料到的发现。最初方案之外的具有启发性的重要信息仍然可以收集起来进行分析。然而,最初的方案为数据收集大致划定了范围,避免收集过程过于耗时费神。

研究结果

对于大多数(而非全部)特征而言,4个州的28个学区的教育制度符合预期模式,实施分类教育的两个州之间比实施非分类教育的两个州具有更多的相似之处。同时,研究并没有发现更细微的特征,能将实施分类教育的州制度与实施非分类教育的州制度区别开来。举一个例子,从调查结果看,特殊教育机构不一定设置在特殊的设施中,甚至实施分类教育的州也是如此——这是最初所推测的分类教育体系应具备的10项特点之一。另一个例子就是,从调查结果看,在那些实施非分类教育的州里,校长们并不对各自学校中的特殊教育部分进行管理,而这一点是最初所推测的非分类教育体系应具备的17项特点之一。因此,基于实证数据的研究结果常常被用来修改最初的方案。

重要经验

本研究的一个重要经验是,如果没有对分类及非分类的两种教育体制的大量文献及政策讨论,研究小组不可能制定出数据收集的方案。从操作的角度说,这些文献及政策讨论提供一系列需要实地检验的实践。研究者潜在的其他主题可能没有如此丰富的信息,也不可能会如此迅速提出尝试性的描述理论。若是这样,实际的案例研究可能会偏向于解释性的案例研究而非描述性的案例研究。

另一个经验是使用竞争性理论大有裨益。没有分类教育制度做比较,对非分类教育制度的描述会变得散乱无章,并掺杂许多与非分类制度无关的学校制度运行的描述。竞争性理论的作用在于避免这种扩大化的趋向,可以把数据收集聚焦于非分类制度的重要实践上。

解释性案例研究 I:因素理论

在定量研究中,因素理论(factor theories)是最为常见的解释性理论之一,无论是解释经济成果(市场因素)、个人行为(心理因素),还是社会现象(社会因素),这种理论范式都是收集一系列的自变量,然后确定其中哪些是与因变量相关程度最高的,由此认定这些自变量和因变量有因果关系。为了分析和说明自变量间相互作用的复杂性,定量研究者可能会使用因素分析、回归分析及方差分析等统计技术。

在案例研究中,同样也会运用因素理论,尽管这类研究中并不提倡使用这一方法。然而,如果因素理论能够反映案例研究某一主题的认识,那么案例研究者则不可避免地要应用它。许多解释性案例研究都是在这种情况下完成的。因此,本章所列举的第四个案例将具体说明如何将因素理论整合运用于案例研究中,并指出这一方法的局限性。

研究问题:如何将高技术公司吸引到新址

区域经济发展理论是因素理论起主导作用的好范例。根据这种理论,公司在做出选址或重新迁址的决定时,常会受到下列因素的影响:

- 公司拥有的风险资本及其他形式的启动资金
- 地方的税收结构,包括税务成本及税收优惠
- 新址的物理特征(物质资本)
- 新址的劳动力特征(人力资本)
- 有关薪资、工会组建、折旧及许多其他事项的规章制度
- 主要管理人员及其配偶的偏好

在每个一般性因素中还能列出一系列的具体因素,当地政府也运用这些具体因素作为吸引公司进驻的策略。对公司来

说,最具吸引力的地区当然是把各项因素最大化的地方。然而,之前的研究却很少能对这些因素做出一致性解释,说明公司为什么会重新迁址以及能使它们这么做的原因。

本节列举的具体案例,以对一些高科技公司的调查来说明这一情形(COSMOS,1985)。该研究主要探讨高科技公司与其他工业公司对某些因素是否有同样的反应,或者其他因素是否也很重要。研究的目标是,如果有这样的因素,就找出这些明显的因素,并给希望吸引高科技公司而不是一般工业企业的地方政府提出相关的建议。加利福尼亚的硅谷、北卡罗莱纳州的研究三角带、波士顿的 128 公路经济走廊等吸引高科技的成功案例,使得吸引高科技公司的目标不断被美化。

该研究本可以被设计成调查或对经济数据的二次分析,这两种方式都是研究这一主题时常用的方法。然而,这种研究不可能对因素本身进行深层次的考查,而只是关注公司是否决定重新迁址的结果上。相反,这个示范性案例旨在更仔细地研究这些因素,因此需要通过多种渠道而不只是从公司收集数据。

对9个高科技或工业园区的数据收集与研究发现

为了实现上述目标,研究小组实施了 9 个案例研究。但选择的案例不是公司,而是高科技园(其中大部分为高科技公司)或者工业园(其中大部分为工业企业,如制造企业)。研究小组首先列出一系列吸引公司的可能措施(或因素)。再通过访谈园区开发者和当地经济发展主管官员,以及对文档资料的分析,找出其中每个园区为吸引公司进驻而实际采取的措施。然后研究小组调查每个园区中的公司,探询他们在此处落户的原因,证实其是否与园区的鼓励措施有关。总之,研究小组共开展了 9 个案例研究,调查了 232 家公司,得到其中 200 家公司的反馈(86%)。

公司反馈的信息,最初被用来确定该园区是高科技园区(高科技公司占主导)还是工业园区(工业公司占主导)。如表3.3 所示,在园区 A、B、F 及 I 中,研究公司比制造公司数量多,

表3.3 按部门业务类型分类,各个园区的公司数量

园区	研究部门	轻工业部门	重工业部门	其他部门	总 计
A	8	0	0	16	24
B	7	2	0	9	18
C	0	1	8	6	15
D	0	12	6	8	26
E	2	6	3	5	16
F	8	1	0	10	19
G	3	3	3	14	23
H	0	1	2	1	4
I	21	2	0	3	26
总计	49	28	22	72	171

因而,这四个园区可以被看作是高科技园区。相反,在园区 C、D、E、G 及 H 中,制造公司比研发公司数量多,因而,这五个园区被看作是工业园区。

研究小组通过案例研究来确定各个园区开发者采取的吸引公司的措施(因素)。总地来说,某些基本措施(如靠近市场或交通运输点)在 9 个园区中都是主导因素。然而,除这些基本措施外,与其他 5 个工业园区相比,4 个高科技园区还采取了以下措施:

1.通过排他性分区或限制性的条款,营造校园般的环境。
2.激发大学主动性,促使公司与地方大学的合作和人事交流。
3.特殊的公共设施容量,包括电力、电话线等。

通过以上三条措施,研究小组总结发现,高科技园区所实行的政策与工业园区不尽相同。

研究小组分析了公司对这项调查的反馈信息,以判定科技园区与工业园区所青睐的优惠政策是否相同。分析结果表明,激发大学的主动性与公共设施方面的优惠措施的重要性具有

统计学上的显著性,但校园般环境则不具有显著性。尽管对最后一项措施还不太肯定,研究小组还是可以得出这样的结论:为吸引高科技公司而进行的房地产建设,除了要兼具吸引工业公司的各种优惠措施外,还需要关注前述的其他三种鼓励措施。

重要经验

本节所列举的案例说明因素理论在解释性案例研究中的应用。通过该理论,研究能确定各园区用以吸引高科技公司进驻的各项具体措施。尽管研究运用因素理论,但只用 9 个案例进行验证,所以这一方法的局限性也是显而易见的:

- 无法对公司作出重新迁址的实际决策过程有更深一步的了解。
- 无法按照重要性程度,对开发商所实施的各项措施(或因素)进行排序。
- 无法确定各项因素之间潜在的相互作用,以及这些因素是否是同一类但更普遍性因素的一部分。

如有可能,后两项缺陷可以通过案例研究以外的其他方法得到解决。如果能够获得足够的数据,因素理论通常能得到很好的应用。但在这种情况下,一般倾向采用调查或二次分析法,而不是采用案例研究设计。在其后阶段中,研究可以通过因素分析或回归分析,确定各项因素的相对强度或重要性,以及各因素间的相互作用。然而,若将因素分析用于案例研究,有限的分析可能使这种方式不太有吸引力。

解释性案例研究 II:"如何"及"为何"理论

与因素理论相比,解释性理论(或称为"如何"及"为何"理论)更适合解释性案例研究的设计与实施。事实上,解释性理论越复杂,变量越多,效果越好。这种案例研究分析可利用模式匹配技术。但遗憾的是,案例研究涉及的主题,并不一定总有对应的、可行的解释性理论,所以,研究者不能始终运用这一方法。

研究问题:为何及如何——研究结果运用到实践上了吗?

本章第五个应用案例是关于研究结果应用的调查。该调查强调的核心政策目标是如何使得研究更为实用(Yin & Moore,1988)。研究共选取了 9 个案例,其中,主要的案例对象是国家资助的研究项目。所有项目都以自然灾害为主题,均有有重大意义的科技成果业已发表,但在成果应用方面各不一样。在自然灾害领域,这种应用结果是指工程专家、规划师及政府机构等运用研究结果对实践或政策作出实际的改变。该研究对任意一项应用结果的产生及其性质都进行了评估与确认,并对这些不同的应用结果做进一步解释。解释的依据主要基于目前有关研究结果应用的文献中提出的三大竞争性理论:知识驱动理论(knowledge-driven theory)、问题解决理论(problem-solcing theory),以及社会互动理论(social-interaction theory)。

知识驱动理论:该理论认为,来自于基础研究的观点和发现最终会带来应用研究中的发明或进步,还常会产生商业化的产品和服务。因此,成果利用是一系列遵循“技术推动”过程的线性活动序列的结果,在这个过程中研究者能不断产生可付诸于实际应用的新观点。

问题解决理论:该理论同样遵循线性顺序。然而,该理论认为知识的应用以确定某些个人或组织(而不是研究者自身)希望解决的问题为起点。即使问题表达的不够清晰准确,它也被交与研究者,而研究者的任务就是开展必要的研究以识别、检验、评估解决问题的各种方法。研究者还可以重新界定问题。然而,成果应用被解释为一个“需求拉动”的过程,研究成果的最终使用者:(a)帮助界定最初的问题,且(b)正等待并准备实施该解决方案(假设该研究提出了一项可行的方案)。

社会互动理论:该理论不认同线性过程,而是认为在那些研究成果转化率较高的环境中,研究的实施者和使用者总是在交织的专业网络中不断相互交流。这种交流不必局限于任何具体的研究尝试,相反,交流的目的是保证研究者和应用者能了解双方的境况和需求,从而产生一个丰富的"意见市场"(Yin & Gwaltney,1981)。这样的交流活动能产生意想不到的效果。例如,研究者可以依据与用户的对话和交流,改变研究重点或早期的研究设计。再如,应用者能规划未来的需要以灵敏地反映研究的最新进展。在这样的情境中,由于不断的交流会使现存的需要与新的研究之间形成较好的匹配,因此,研究成果最终会得以应用。

上述三种理论为解释性案例研究创造了两个重要条件。首先,它解释了研究结果之所以能运用到实践所需的复杂的事件过程,也解释研究结果之所以未能运用到实践是由于缺乏哪些事件过程。接着,通过对假设的事件过程与实际的事件过程进行模式匹配分析,可以判断在具体的案例中,是否具有这些事件过程(Trochim,1989;Yin,2009)。事件过程的复杂性,使有关的证据更容易被识别。其次,三种理论提出的事件过程是互相排斥的,因而,用于支持某一理论的实证证据无法用以支持另一理论。从这个意义上说,尽管案例研究的实施是回溯性的,但数据可用来检验这些竞争性理论。

研究结果

9 个案例遵循了一种复现设计——其中 6 个案例成果转化明显,尽管这 6 个案例涉及不同的学术领域(例如:工程、数学、城市规划),而其他 3 个案例转化的效果不明显。研究的主要发现是,那些成果转化广泛且多样的案例都具有社会互动理论的关键因素:现存的专业网络带来研究者与应用者之间丰富且持续的对话。在一些案例中,专业团队促进了研究者与使用者之间意见的交流,而在另一些案例中,这种意见交流主要由一些较为活跃、健谈的调查者主导。总之,相对于那些成果转化不佳的项目来说,转化成功的项目交流开始得更早,且在具体的研究项目结束后交流仍然会持续下去。

重要经验

本节所列举实例的主要经验是,解释性理论有利于对大量的数据(包括定性与定量的)进行理论检验。在该研究中,采用多种方法对 9 个案例分别进行详细的调查:审查现有的文档资料;访谈研究的实际或潜在用户;观察实际的研究过程或结果。案例研究方案,紧密结合三种理论的验证需要,确保将数据收集过程纳入统一的研究线索和证据三角形中。

这些理论的一个重要特点是其复杂性。这就允许把一系列或一连串事件的模式匹配作为每个案例的主要分析策略。如果没有理论及其复杂性,数据收集也许就缺乏约束,也就不可能进行模式匹配。在这一点上,案例研究方法对于"如何"及"为何"理论的运用,可能与其他方法并不一样。虽然其他方法可能更倾向于单变量理论,并通过系列研究来扩展因果链,而案例研究分析当中所使用的模式匹配方法,则使案例研究可以对单一案例中的各种复杂解释作出验证。

研究结论

本章通过列举五个具体实例,说明理论在案例研究中的多种应用。对于这五个实例来说,关键点是要在案例研究实施之前就提出理论假设。而且,这些理论的提出,常常需要大量的时间、资源及专业知识。

案例研究这种方法模仿了大多数实验科学中使用的方法,在实验科学中,在进行真正的实验之前,一般都要对先前的研究进行了解并提出研究假设。因而,这种方法要求研究者能充分了解所要研究的主题,并不单单依赖各种方法。此外,该方法能使研究者发现(并减少)那些可能会影响到案例研究的设计与实施的各种偏见。最后,运用这种方法进行的案例研究,可以使其成为知识累积的一部分,而不仅仅是孤立的、短期的实证研究。

第 Ⅱ 部分

描述性案例研究

　　描述性案例研究是最为常见的案例研究。这种研究方式能让研究者对案例进行深入了解,并获得丰富的资料。当一些案例包含以下因素时,深入了解就显得尤为重要:社会学家通过一般渠道无法获悉的情况(启示性案例,revelatory cases)、极其成功的案例(典型案例,exemplary cases)、单一的情形(独特的案例,unique cases)、极端情况(极端案例,extreme cases),甚至普通情况(传统案例,typical cases)。

　　在整个案例研究的记载中,上述五种情形十分常见。在选择做一项描述性案例研究时,这些因素可以作为是否使用此种方法的判断标准。第 Ⅱ 部分呈现了三个案例研究,其中,第 4 章关于一名教育领导者的研究可视为一个极端案例,第 5 章关于巡逻市民的研究可视为启示性案例,第 6 章关于社区组织的研究可视为传统案例。

　　作为一名研究者,描述工作乍看上去似乎不需要太高深的分析。包括非专业人士在内的任何人似乎都能完成一份描述,而另外一些研究,如统计学模型则需要更专业的知识和才能。这让人觉得做一项描述性案例研究并不是什么难事。然而,要想做好一项案例研究,分析特殊的社会场景和错综复杂的关系可能比你想象的要难。

　　主要的困难来自以下两个方面:研究者需要确定主题所覆盖的范围以及细节的详细程度。一项成功的研究,必须在试图描述所有细节和过于简略之间掌握平衡。不断回顾当初为何选择这一案例的基本原理,能够为后续的研究提供指导,保持研究的方向始终不走偏。第一部分所描述的理论,在研究过程中能够起到积极的作用。如果研究者有过从事案例研究的经验,可能会做得更好。

　　第Ⅱ部分的三个案例研究实例分别呈现不同程度的细节和范围。前两个案例较短,其目的是让读者在不同的环境之下初步体会描述性案例研究。第三个案例较长,相比较而言,这一案例几乎是全书最长的。总体来说,这三个案例阐明了如何呈现描述性案例研究。

4

一位新上任教育领导者的起步阶段^①

　　许多案例研究以某一个体或个案作为研究对象。尤其是在心理学,类似的案例为人类行为研究增添了许多有用的知识。而且,个体的案例同样也是诸如教育学和管理学等其他研究领域的一部分。

　　案例研究通常以一些组织的领导者为研究对象。假设他们都按照方案行事、做决定或施加影响。在教育领域,有趣的领导者研究对象可能是课堂中的教师、学校里的校长抑或是学区的学监。

　　第4章呈现的是针对较大城区学校系统领导者的案例研究。研究主题是此人在教育系统上任初期的表现。由于城区学校领导更替频繁且面临着较大压力,许多领导者都会在其任期内经历上述过程。现有案例研究中所反映的经验,可以为新上任的教育领导者提供借鉴。

---

① a. 这一章节是专门为本书而写的,其基础为罗伯特·K.殷早期进行的一项案例研究。

　　b. 上文所述案例研究是一项更大研究的一部分,其所涉及的田野调查包括检测爱丽丝·芮丁任期内钢城学区的读写动议,研究方法包括参观一些学校、与学校教职员进行访谈和查看学校记录。上述田野调查结果有利于对改进行动作更深层次了解,同样也有助于检验芮丁自己在案例研究中所报告的内容。

美国学校系统简介

　　美国公立学校系统由学区组成,几乎所有学区都由公开选举产生的学校董事会(school boards)管理。从这一角度看,学区实为政府的教育单元,而不仅仅是单个管理单位。

　　教学活动发生在学区的每一所学校。有些学区规模极大,可能由上百所学校组成。另外一些学区则非常小,仅仅包括几所学校。有的学区具有高度集权化的特点,其权限包括设定课程、招聘教师以及为学校提供支持服务。相反地,一些学区可能有着高度去集权化的特点,其管辖范围内的学校可以自主设定课程、招聘教师,甚至自主决定如何使用学区基金以支持其他服务。

　　学校的领导是校长,而学区的领导为学监。学区及其董事会可能由许多学校和校长组成。所有人必须团结协作以使该系统得以运转,学生们需要从小学逐渐升入高中。对于全美公立学校系统来说,最大的挑战在于为自由入学(只有极少数学校有入学要求)且接受自由教育的不同学生提供高质量的教育。

　　接下来的案例描述了爱丽丝·芮丁(Alice Redding)改革钢城学区(Steel City District)的早期努力。该学区位于美国中部城区,规模较大、水平较低。此个案研究的大部分信息是通过与芮丁的深度访谈和跟踪访谈获得,此外,钢城一些纸质媒体的教育文章也是本研究的信息来源之一(如材料框 5 所示)。为了保证学监和学区的匿名需要,本研究所使用的名称全部为化名。

> **材料框5** **案例研究草案:聚焦于研究工具,而不是受访者**
>
> 案例研究草案是收集案例研究数据的基本工具。草案应包括案例研究关注的问题。
>
> 由于大部分社会科学工具都包括针对受访者(或应答者)的问题,人们会经常误认为草案也应具有同样的性质。然而,案例研究草案事实上不完全与之相符。它逐条记载研究者的问题。此外,草案还包括研究者应该遵循的程序。换句话说,案例研究草案是研究者进行调查的日程安排。
>
> 本章案例研究的数据收集过程遵循的就是这样一个草案。草案应该在进行田野调查之前就完成,在调研过程中通过多种渠道的信息回答草案所提出的问题,如浏览文件、直接进行观察或访谈。一份优秀的草案应该包括案例研究所涉及的所有问题,并系统地将上述问题组织在一起。因此,一份优秀的草案也可以引导案例研究报告的最终撰写。
>
> (详见 Yin,2009a,第3章"案例研究草案"部分)

改革的主要目标:数据驱动的学校系统

学监的主要战略目标是改进学区,使该学区的所有学校和教师都能根据学生成绩的反馈作出教学的决定。在学校改革的文本中,这一目标被设计为试图创建一个"数据驱动的学校系统"。

新上任学监所面临的情况

芮丁走马上任钢城学区学监时,她带来一支由四名高级职员所组成的团队。在芮丁担任前一个更小的城市学区学监时,这一团队就是她的合作者。芮丁将她的策略比作"被召进急诊室"且"需要一支支持团队";而不是单打独斗,仅凭个人的力量就能取得成功。

芮丁及其团队一上任就发现钢城学区的基础设施极其落后。学区的许多关键职位甚至都无人担任,尤其是对建设"数据驱动的学校系统"至关重要的研究和评估职位。该学区在长期的发展过程中,教师短缺数量达到400余人。一些学校甚至连安全都无法保证,这使得芮丁不得不将一些本该完成其他任务的人员派去解决安全问题,尽管这种做法是芮丁在早期职业生涯中所不认同的。

更为严重的是,对于一个约有10亿预算和将近11 000名员工的大学区,其管理系统实际上完全依赖于人工操作(芮丁回忆道,在她担任该学区学监之前,就曾经为该学区做过有偿咨询,当时她还非常诧异为什么这个学区的咨询费支票还是手写的)。芮丁看来,该学区几乎是百废待兴,但世界不会停下来给他们足够时间将必要的补救措施付诸实践。芮丁这样说道:"我知道怎么编织一件毛衣,但我不知道如何一边穿着这件毛衣一边编织。"

为了减少钢城学区教师的流失,必须提升工资水平,使之与其他学区持平。该学区需要启动一项有关教师聘用的动议。芮丁将改革的第一步放在招聘教师上,招聘范围涵盖全美甚至美国之外。芮丁上任之初,该学区学校系统的空缺达到466个,而一年之后,这一数据下降到40个。此次招聘的成就是每一科学和数学课堂上都有一名合格的教师,这在该学区近年历史上是第一次。

在课堂领域,芮丁的目标是让每一名教师都能知道学生的测试分数,不仅仅是不同学科的成绩,还包括每一学科中不同的教育评价标准。这些分数被用于诊断教学中的问题,帮助教师判断哪些知识点还需要再教一遍,从而帮助学生进步。在学校和学区层面,芮丁的目标是使校长和学监能够获得更加广泛的数据,包括测试分数、入学人数、出席率、转学人数、教师更替率和许多其他数据,从而有助于将每所学校和系统视为一个整体,进而推动教学改进。

尝试取得了初步成功并获得支持

与此同时,芮丁和她的团队懂得他们的管理必须获得社区的广泛支持。为此,他们启动两项立场鲜明的教育改进行动。这两项改进行动都反映了芮丁的教育理念,她确信读写能力是教学的重点,并通过行动告诉大家,她对此十分关注。

两项有关读写能力的改进行动

第一项改进行动是举办芮丁任期内第一个暑假的读写项目。此前一年,仅有 1 500 ~ 2 000 位学生报名参加该项目,这是他们有史以来第一次获得免费参与学习项目的机会,此外,交通服务也是免费的。暑期项目使得参与教师有机会获得额外收入,此前很多年,这些教师的工资几乎都没有上涨过,因此他们也十分乐意参加。

芮丁的暑期项目最终招收 12 000 名学生,其读写项目要求严格、目标明确,且准备有序。尽管没有跟踪数据证明暑期项目提升了学生的读写能力,但是毫无疑问,这一项目取得了巨大的成功。

第二项教育改进行动也与读写能力有关。学区为每一所学校配置一名读写教育专家。此外,学区还为读写教育专家和校长提供培训,使得他们能有专业发展的机会,并为其他教师提供支持。最新签署的各年级英语语言艺术标准和学区 K-12 课程以及该州的熟练水平测试相匹配。课程在低年级阶段重视语音学方法,呈现螺旋上升方式,并逐步减少对教科书的依赖。

数据驱动的结果

与此同时,芮丁的团队并没有忽略最初的策略目标。最终,他们的努力取得了成果。新实施的数据系统,可以跟踪该学区的入学人数,并从班级层面监控学生的成绩。

与读写改进行动相关,这一系统为教师提供项目分析,并对项目和新标准进行交叉分析,使教师可根据该州熟练水平测试结果来调整教学方法。芮丁重视读写能力的两项改进行动开始显示出初步成果,与该州更大的城市学区相比,钢城学区学生成绩显著提升,为前者的 3 倍。此外,钢城学区学生成绩的提升幅度是全州平均水平的 2 倍。

社区和联合会的反响

芮丁的改进行动获得了广泛支持,这得益于她早期的工作经验。她能始终保持对公众的透明度,使大家能够了解她正在做什么。正如她所说,"事实就是事实,犯了错误时,我们说声'喔哦',然后继续前进。"

与此同时,联合会一开始对芮丁的读写和数学专家持有异议。经过两年的时间,联合会最终决定为最受困扰的学校安排专家进行指导。联合会反对这一做法的成员,并未阻止在全学区建立此项制度。

为了改革而进行的重组

重组学区的学校

在任期最初的几年,芮丁还进行了其他几项重要改进行动。包括将学区 16 所质量较低的学校并入一个特殊区域,由其区域学监领导。这些学校可以获得额外的资源,但同样必须设立较高的成绩标准并致力于改进其教学。此外,这些学校也同样受到外界的监督。其中一所学校进步很快,并最终脱离这一特殊区域进入常规学校的行列。这一段经历对学校起到积极的作用,因为这个特殊身份对学校具有重要意义,使得学校只是勉强承认其新的被指定的身份。

芮丁所进行的另外一项重组是,将学校或分为 K-8 年级和 9-12 年级系统(现有的划分方式为 K-5 年级、6-8 年级、6-12 年级和 9-12 年级)。其目标是在所有年级层面上提升学生的成绩,尤其是中年级。在芮丁公布这一计划的第二年,两所学校进行了此项改革,随后一年又有 14 所学校加入,第四年又有 21 所学校。重组的初期成果表明其效果是良好的,学生的分数有所提升。

重组学区

在将近四年的时间里实施各项改革行动后,爱丽丝·芮丁及其团队得以对整个团队进行重组,使其朝着数据驱动的方向发展。期间,芮丁任命了该学区 122 所学校中的 75 所的新校长。在任命新校长之后,芮丁宣布一项新重组计划,该计划使校长们和那些仍在努力成为教学领导的人结成同伴。他们团结协作共同为学校进步而努力,他们的成果在课堂上获得认可。校长和专家之间经常互问,"某某计划已经付诸实践了吗?""你是怎么知道的?"。

学区重组的后续影响,在本案例研究结束之后仍在继续。

幕后故事:精英访谈

精英访谈指的是研究者对一个有较高地位的人进行访谈,如一名选举产生的官员,商业执行总监或其他公众人物。这些人通常扮演独特的角色,能够就某一事情提供有洞察力的信息,这些信息通常很难通过其他渠道获得。一个明显的例子就是学监,芮丁在本章中就是一名中心人物。

进行精英访谈可能是一项具有挑战性的工作。被访谈的精英人物可能是一个经验丰富的受访者,接受过很多媒体代表的访谈。像受访者一样,研究者必须透过表面看到访谈的本质,唯有如此才能从受访者那里获得有效信息。

　　然而,与其他受访者不同的是,经验丰富的受访者可能知道如何掌控访谈进程,尤其是开放性访谈。在访谈过程中,研究者可能会感到十分惊讶,因为受访者正在平易近人地对你表示感谢,并在你还没来得及问完所有问题就离开了(但本研究并没有遇到类似的问题)。考虑到受访者的精英地位,你可能会发现根本没有机会与此人进行后续的谈话。为了避免此种情况的发生,建议研究者在访谈之初就提出要问的重要问题,而不像在其他访谈中那样——通过逐渐发展的方式带出主题。尽管这可能没有足够的热身时间,但为了达成研究目标需要这么做。

课堂讨论和书面作业

　　在一项开放式的访谈中,访谈时间非常有限,如何在有限的时间里既做到有一些热身性的话题,且又覆盖所有重要的实质性问题。如何调节二者之间的"紧张",或者如何将这种"紧张"最小化?

5

巡逻中的市民

　　许多住宅区附近的邻居通常都会留心所在街道发生的事情，也就是说，他们对公共空间的事物保持着警觉。当邻居们从自家窗口往外看、坐在走廊上或在街区散步时，他们总会注意到各种麻烦的事情。从公共安全的视角来看，这种警觉性是一个积极的信号，同样也反映了部分居民的团结程度。

　　我们更进一步地来考察这种志愿活动，许多街区已经将居民组织起来，进行正式的巡逻。巡逻者通常不携带任何武器。巡逻的路线经过事先的系统规划，通常包括街区街道和其他公共区域，如果发现或者怀疑有任何不正常的行为，巡逻者就会给当地警察打电话。理解这一类巡逻如何运转以及他们在运转的过程中会产生什么问题是本章的研究主题，该研究对众多社区的同类巡逻进行了广泛的调研。本章内容包括案例研究的一个个案，以其中的一个巡逻团体为研究对象。这一案例研究还包括针对其他巡逻的调研（见材料框6）。

材 料 框 6　**案例研究作为混合式研究的一部分**

　　混合式研究是一类采用两种或更多不同方法的单一研究(如整体研究的一项调查或者一项案例研究)。本章呈现的单一案例研究是一项采用混合方法的多案例研究的一部分。

　　第一,该研究涉及全国范围内 32 个巡逻个案的研究,其中之一即为本章所呈现的部分。第二,研究团队对 100 个其他巡逻团体进行电话访谈。以上所有信息成为跨案例综合体的一部分,进而成为得出有关市民巡逻工作结论的基础。

　　研究的另外一个贡献是对巡逻的类型进行了分类。它们分别是:仅限于建筑物或有围墙的居民区的巡逻(建筑物巡逻);包括更加广泛街区的巡逻(街区巡逻);提供陪同、递送以及其他社区服务的巡逻(服务性巡逻)。在上述三类巡逻中,街区巡逻更有可能发现警觉现象,由于巡逻范围较大,他们不能辨别哪些是本社区的居民,哪些不是。本章所呈现的内容即为街区巡逻的一个案例。

　　　　　　　(详见 Yin,2009a,第 2 章,"混合研究设计"部分)

市民巡逻研究

住宅犯罪预防

　　随着犯罪率上升和安全感下降,居民们会自行组织一些预防犯罪的活动。参与此类活动完全是自愿的。一些预防犯罪的行动完全发生在私人场所,如多加一道锁或者安装警报系统,此外,还有一些行动发生在公共场所,如组织涉及全社区的巡逻。上述两种类型的活动都为描述性案例研究提供了极佳机会。

　　对于公共场所的犯罪预防,尽管居民们希望当地警察提供更多保护,但他们仍然觉得自行组织预防活动也是十分重要的。例如,当你开车通过附近街区时,可能会发现"街区巡逻"的标志。这些标志提示过客,本街区保持着高度警觉尤其针对偷窃、偷车或抢劫。这种警觉意味着社区居民会格外留心那些不寻常的犯罪前兆。

　　有些情形下,市民们甚至会以步行或开车的形式组织巡逻。这种市民巡逻为田野调查提供了有价值的新话题。如,"巡逻是怎么组织的?""市民自发组织的巡逻和警察有什么关系?""一个巡逻团体在何种情况下会认为警觉性行为是可以接受的或者不可接受的?"包括上述问题在内的其他相关问题,将在下文的描述性案例研究中得到检验。

定义市民巡逻

　　与学校或课堂不同,市民巡逻并非一个准备有素、定义明确的概念。对市民巡逻开展研究之前,就必须对案例研究的"案例"进行定义。如果没有对其进行认真细致的定义,那么,许多其他的类似活动可能也会被错误地贴上市民巡逻的标签,这就会得出误导性的发现和结论。我们设定三个标准来帮助鉴别市民巡逻。

　　第一,活动的目标是阻止犯罪行为。不包括一些市民团体为了个人或政治利益而组织的活动。同样,一些团体自身从事合法但棘手的活动也不在本章所涉范围之内,如一些群体组织起来在私人或公共财产上涂鸦。

　　第二,活动必须由居民团体来组织或实施,通常是业主、租住者或某个居民联盟。如果居民或业主在外面雇佣一个私人安全代理机构来进行巡逻工作,这种情况也不属于市民巡逻的概念范畴。这种受雇的安全代理可以被大致认定为私人安全保镖,他们通常都受过不同程度的训练,可能会与居民建立不同的关系。

　　第三,阻止犯罪的行动必须是在居民区组织的,而不是商

表 5.1　能够被称为市民巡逻的活动

- 志愿团体开车巡逻社区
- 志愿团体步行巡逻社区
- 居民提供的护送行人服务
- 居民巡视居民区或在建房屋项目
- 居民区提供为居民看门服务

业区。因此,一些店主团体组织的旨在保卫经营场所的活动,也不在本研究的范畴之内。因为这些场所属于商业区,是人们工作的场所,而不是居住的地方。

　　在经过上述三条标准的甄别之后,仍然有许多活动属于本研究的范畴(如表 5.1 所示)。表中所示活动都被认为是市民巡逻案例研究的对象。下文的案例研究描述了此种类型的巡逻(所有姓名均为虚构)。

兰吉菲尔德城区市民巡逻

缘　由

　　兰吉菲尔德是一个多民族社区,其巡逻场所包括社区中心的四个街区。这四个街区由翻新的联排别墅及居住在此的业主组成。周围区域的居民经常面临毒品交易、行凶抢劫、偷窃等犯罪行为的威胁。

　　J. B. 康普顿是一名艺术家和平面设计师,他在这个街区住了 9 年,是巡逻队伍中的一员。自从搬到兰吉菲尔德之后,康普顿已经经历好几起犯罪事件。第一起犯罪事件中,他的房子几乎被盗贼洗劫一空;第二起犯罪事件中,他的车被肆意破坏了多次;第三起犯罪事件中,他院子里的工具丢失了三次。

材料框7 开放式访谈

　　案例研究中引用许多参与者的原话,这也是呈现开放式访谈数据的一种方式。所引用的短语和句子帮助呈现参与者的观点和想法。在其他的案例研究中,如果希望更加深入地探讨研究对象,研究者可以呈现更长的引用材料,可能是整个段落甚至还会占据更大的篇幅。

　　当然,一边记录参与者话语,同时又积极地参与到情境之中,并不那么容易。在没有录音设备协助时,研究者应尽可能地用简短的话做记录。如果希望使用大段大段的原话做记录,要么需要借助设备,要么用一种有效的笔记记录方式。此外,在研究中常用的另外一个方法是使用较长的段落,但要经过编辑和阐释。然而,今天看来,直接引用材料的价值已经不大,因为这并不能保证准确地抓住参与者的心情、脾气、态度。

（详见 Yin,2009a,第 4 章,"访谈"部分）

　　并不仅仅是康普顿有过类似的经历。两年前,该社区突然出现大量地入室抢劫等犯罪行为,四个街区的居民决定坐下来一起商讨如何阻止犯罪行为的蔓延。此前,这个社区的居民就已经因涉及自身利益的环境和政治问题聚集在一起,并发起过高度组织性的活动。也就是说,居民们已经有过协作的经验。大卫·海是被众人认可的社区领导,他主导了兰吉菲尔德的市民巡逻。他认为,在这个社区,大家互相都很了解,社区精神一直存在(见材料框7)。

　　面临愈演愈烈的犯罪潮流,大卫·海说,社区的第一反应是请求当地警方更加关注这一区域。他们甚至还聚在一起讨论如何增强社区的安全意识,结果是许多业主在房前屋后装置了灯泡,并安装了警报系统。尽管警方承诺加大对这一区域的保护力度,但居民们仍然没有感觉到情况有所好转,有的人甚至记录过巡逻的警察和警车数目。

"当我们发现警方并没有回应我们的请求时,我们决定尝试通过自己的力量来阻止本街区犯罪行为的发生",大卫·海回忆道。随后,四个街区的居民计划根据自愿原则组织一支街区巡逻队。当他们在一次社区会议上提出这一建议时,15~20个人当场表示自愿加入。很快,志愿者人数达到了大约60左右。大卫·海指出,"我们的筹建工作不是一帆风顺的,最终得到社区的更广支持并不容易。最初,我们因为担任义务警员,持枪保护自己的家园受到指控。"

兰吉菲尔德巡逻队最终和长期的目标,一直都是使这四个街区变得更加安全。作为一个独立的组织,巡逻队只致力于阻止犯罪行为的发生,尽管这一团体的很多成员也是兰吉菲尔德社区联盟的成员,而这一联盟也赞助了许多社会、政治和服务性活动。

巡逻队的运作

在本案例研究进行田野调查时,兰吉菲尔德巡逻队每天从晚上九点工作到凌晨一点,只有周五除外(当地警察在周五晚上会加大巡逻力度)。两名志愿者轮流参加巡逻活动。

对于所有的巡逻人员来说,最为重要的是使自己易于被别人看见。大卫·海解释道,易于被别人看见会让居民们觉得安全,同时阻止可能发生的犯罪行为。巡逻者的主要活动如下:在四个街区之间走动或停留,与路过的人家打招呼或者交谈,应居民的要求陪同他们进入房间或在街区走动,每隔一段时间就检查一下街区的小道是否有异常情况。康普顿并不认为自己的巡逻活动非常危险,"巡逻者必须十分小心,因为你并不知道路人是否有枪;但在巡逻的过程中,只要有一些尝试就可以消除这种危险。"

如果巡逻者看到犯罪行为,他应该报警、吹哨,尽可能避免使自己卷入到冲突之中。"必要的话,我们也会直接与犯罪行为进行斗争,但迄今并没有这么做过,因为我们的吹哨行动非常成功。邻居们及时反应,成功避免了好几次意外。"所有居民,无论是不是巡逻队的成员,一旦听到口哨都会按照事先约定立即报警,并走出门外,为巡逻者或其他受害者提供帮助。按照大卫·海的说法,由于巡逻员吹哨后居民会及时回应,至少有五六起抢劫和几起偷车行为得以制止。大卫·海认为,"回应哨声的感觉非常奇妙,即便是在深夜。"

事实上,并不昂贵的哨子是巡逻成员使用的唯一工具。巡逻员并不会穿特殊的制服或佩戴什么标志,也不会带任何武器。不过,大卫·海还是希望巡逻员能有电子警笛,这比口哨好用,而且声音更响亮。

巡逻队的组织

巡逻队现有成员已经增加至约 60 人,都是成年男性。但有一名女性担任巡逻队的协调人,此外,还有其他几位女性居民协助分发传单和处理杂务。协调人负责安排巡逻队的换班表,为缺席者寻找代班人,记录与巡逻队相关的事故以及巡逻员临时会议情况。此外,她还与警察保持密切联系,作为该社区的代表,她经常代表当地警方传达有关安全事宜的要求。

按照大卫·海的说法,除协调人外,巡逻队并没有特殊的领导职位或管理机构。"一些积极的志愿者在活动中承担了发言人的角色,但并没有任何头衔。"大卫·海补充道,相关决定一般由协调人或全体巡逻队员大会作出。康普顿着重强调,所有的巡逻志愿者在相关工作上都有发言权。"并没有真正的巡逻领导,我们通常举办团体会议,人们可以提出批评或建议,或者仅仅提出问题。"

在过去两年,招募新巡逻员的需求逐步减少。目前这一支60 人的队伍具有良好的稳定性。康普顿认为,加入巡逻队的要求很简单,只需要表达自己对参与此事很有兴趣即可。他自己是从邻居那儿获得的消息,大约在一年多前加入巡逻队。康普顿说,大部分巡逻成员选择加入是因为他们立志于使社区变得更安全、更宜居,尽管一些居民认为这份工作很危险或者因为健康状况而不加入巡逻队。"其他人,尤其是出租人对这不感兴趣。"当被问到巡逻队成员加入到这个队伍中获得了什么时,康普顿答道,他们认识了更多的邻居,社区意识得到提升。他认为,最大的收获在于"我的所有家庭成员都很安全,宁静的社区没有发生意外,这就是对我们最大的奖励。"

对巡逻员来说,唯一的付出就是投入巡逻的时间。大卫·海估计他每月大约在巡逻上花 12 小时。康普顿说他每月大约巡逻两次,约为 8 小时。他也谈到,"巡逻当然会是一个时间负担,但我会试着据此调整我的日程安排。"

每一名巡逻员都必须头脑冷静并且愿意加入其中。自愿加入的退伍老兵会对巡逻新手进行培训,并与新手一起完成最初的几次巡逻交接。他们并没有制订书面的规则或行为指南。大卫·海指出,"在我们的计划会上就已经定好了巡逻事宜,我们都知道什么应该做、什么不该做。最重要的是保证自身的安全,只有在极端紧急情况下才能直接参与制止犯罪行为。"自从巡逻队开始工作以来,没有任何成员由于判断失误而被巡逻队开除。

然而,随着巡逻队工作的开展,一些问题开始暴露出来。大卫·海指出,"由于长期以来并没有太多的意外发生,以至于人们开始变得倦怠。"在巡逻队成立之初,他们阻止了几起抢劫案、盗车案的发生,并且驱赶了数不清的有犯罪嫌疑的闲逛者。但现在,由于社区很少发生此类事件,人们逐渐开始对巡逻变得不感兴趣了。

总体来说,巡逻队获得了居民的广泛支持。"我们从居民那儿得到许多反馈,他们认为我们的行动使得社区变得更安全,并为此感谢我们",大卫·海说道。康普顿也认为大部分居民对巡逻持积极态度,但他还补充道,"我并不知道当地警方对巡逻团体怎么看,因为我们的直接联系越来越少,我有时会觉得警察并不关心我们的存在。"

与当地警方的关系

兰吉菲尔德巡逻队是当地警力的补充,并为居民提供了额外的保护。尽管他们并没有同警方保持密切联系,但其协调人经常向警方通报所有的巡逻活动。而警方则试图在周五晚上为这个街区提供额外的保护。大卫·海给警方的打分是"非常优秀",因为警方对他们的请求有所回应,而且自从兰吉菲尔德巡逻队开始工作后,警察的保护力度似乎也有所提升。"可能是因为我们社区的行动获得了警方的关注",大卫·海如此推测。但他补充到,总体来说警方的保护力度还是不够的,不然我们也不会组织巡逻队。

当地警察局的社区关系主任约翰·林德指出,兰吉菲尔德巡逻对当地警方在该区域的部署和调度并没有影响。他解释到,警察的配置是按照社区的犯罪水平和警察的工作量来决定的。

林德警官说他与兰吉菲尔德巡逻队的成员打过几次交道。"只要市民们决定组织巡逻队,那他们就会做得很好",林德补充说,他还没有听说过警察对类似的市民巡逻有过抱怨。然而,当地警方与巡逻市民的联络非常少。林德警官还说,巡警有时候会停下来与巡逻的市民进行简单交谈,但这种情况很少。他还提到,巡逻队员来过几次警察局,与队长交谈或"抱怨一些发生在他们社区的事情"。

林德警官指出市民巡逻队的成就有两面性:一方面,巡逻队培养了社区居民的安全意识并让警察知道社区正在发生什么。但从总体来说,他不认为市民巡逻的做法应该得到支持,因为这些人并不能取代警察的位置,他们通常并不知道巡视什么,也不知道如何处理严重的问题。林德还谈到,基本的报告机制是一件好事,我们鼓励人们这样做。他指出警方在全市各种预防犯罪会议上赞扬了市民巡逻队的努力。

康普顿说巡逻队的成就远远超出他的预期值。社区的犯罪率明显下降,与此同时,随着人们对安全问题的重视,社区也更具有凝聚力。在判断巡逻队对社区犯罪行为的预防效果时,大卫·海认为,人们对巡逻感到倦怠是因为它取得了成功,犯罪率显著下降。他指出,"在过去的八九个月中,从来没有发生过一起入室抢劫、偷盗或其他犯罪行为。此外,没有任何数据能说明我们阻止了多少起可能发生的犯罪。"而林德警官则认为,尽管没有数据能够证明他的观点,他还是觉得兰吉菲尔德社区的巡逻只是减少了该社区的犯罪率,许多犯罪分子转移到其他社区从事犯罪活动。

幕后故事:做田野调查时的人身安全

研究市民巡逻会给研究者的自身安全带来威胁,更不用说为了研究的需要得与居民们住在一起了。尽管无法避免意外事故的发生,但一些准备工作仍然会对研究有帮助。

有两步是非常重要的。第一,研究者应该熟知所做的研究,包括研究的路线。对于市民巡逻来说,为研究者提供清晰路线的应该是权威人士,如对市民巡逻负责的主要人物或者当地警察。最不应该出现的情况是,你仅仅从自己所跟随的巡逻者那儿获得信息(在做其他的田野调查也是如此,研究者应该从更权威的人那里获得有关全局的清晰信息;例如,即便你只是希望对一堂课进行研究且这堂课的教师已同意了你的研究,研究者还是有必要从校长那儿获得清晰的信息)。

第二,研究者应该让一两位信赖的同事知道自己所计划的田野调查的严格时间,同时请他们在这一段时间内不要打扰你。在这个过程之中,你应该告知陪同的巡逻员你已通知了同事,若发生什么意外需要联系的话就可以找这位同事。

课堂讨论和书面作业

讨论在不同情境下做田野调查,还需有哪些准备步骤。推测当麻烦发生时,田野调查者应该如何反应(如,当一名巡逻员遇到问题并发现有人正在作出威胁性行为)。田野调查者应上前提供帮助,还是应继续观察或者离开现场?

6

一项关于社区组织的案例研究

　　社区组织遍及全国,且在社区复兴和发展中扮演重要角色。这一类组织通常是由居民自愿组织的,存在于各种各样的社区之中,对社区生活的物质和社会方面都有助益。因此,针对此类组织的案例研究也比较普遍。

　　本章所呈现的是针对社区组织研究的一个案例。尽管案例发生的时间较早,可能会被年轻的学者认为过于久远,但这项研究呈现了社区组织持续的脉络:本案例中社区组织如何处理房屋的做法和今天的相应组织依然很相像。

　　从方法论上讲,案例研究的文本结构应该是根据一系列问题的顺序,对答案进行整合。而这些问题则反映了案例研究者的兴趣。更为重要的是,同样的问题及其答案会被用来组织另外40多项案例研究的结构。尽管案例研究的结果可能会显得机械呆板,但这种形式有助于研究者和读者从上述案例中找到所关心问题的答案。换言之,统一以问题为顺序组织文本的案例研究报告,可以让读者很方便地查找到答案,如读者可以通过阅读第十个问题的答案就能直观地对所有案例进行研究,而不需要借助外部分析。

　　此外,正如本章所示,对案例研究文本进行机械的组织无法呈现丰富的内容,不利于对其进行深度分析(见材料框8)。这种文本呈现方式的一个好处是便于研究者的写作。田野调

材料框8　描述性案例研究理论

我们通常在假设因果关系时使用各种理论。因此,这些理论通常会被用于解释性案例研究。然而,理论在描述性案例研究中也非常重要。在本章的开始部分,理论被用来描述社区组织的重要方面。本章的标题反映了研究者的研究兴趣,且有助于理解社区组织如何运转。

适当的描述理论应能够涵盖所描述个案的广度和深度。如果你想描述一个个体、一个组织或其他的研究对象,那么你的描述应该包括什么? 不包括什么? 回答上述问题的标准也就是研究者需要解释的理论。这一理论应该在行文之初就交代清楚,并在行文的过程中不断回顾和讨论,甚至在后续的案例研究描述中起到指导作用。

（详见 Yin,2009a,第 2 章"案例设计中理论的作用"部分）

材料框9　案例研究数据库

本章有关社区组织的案例研究中,问答格式不仅仅是呈现报告的一种方式,甚至也可以用来形成一个数据库,通过数据库形成一项更有趣、更引人瞩目的案例研究报告。因此,本章所呈现的有关社区组织的案例研究既可以作为一份最终报告(如本章所示),也可以作为不同案例研究的数据库,并作进一步的加工。

数据库最常见的形式是包含许多引用,并且表明数据的来源,例如一份特殊的报告、访谈、档案或数据以及田野调查的地点(在本章案例研究的原始版本中保存了上述引用)。

（详见 Yin,2009a,第 4 章,"创建个案研究数据库"部分）

查者可以根据每一个问题的顺序组织研究中获得的笔记和其他数据,而不需要纠结于另外一种更为流畅的行文方式,尽管后者可能是一种更具创造性的文本结构。最后,这种问答型写作方式也更适用研究实情,也就是说,这一份涉及40多项个案的调查是田野调查团队集体写作的成果,而不是某一两个人的劳动成果。始终如一的文本结构,使得田野调查者的工作显得不那么独特。总体来说,对于多案例研究来说,问答型的文本结构无论是对读者还是写作者都是很有帮助的(见材料框9)。

组织的创立和结构

组织起源

1. 组织成立于哪一年?

杰夫·范德·路有限公司(Jeff-Vander-Lou, Inc. 简称 JVL)成立于1966年10月24日。1967年3月29日,正式修改公司章程,确保 JVL 公司更好地投身建筑、重建、采购、销售、租赁、投资和其他在社区更新目标下的诸如此类的具体活动。

JVL 公司由1964年成立的19区美化委员会发展而来,成立委员会是为了响应伯德·约翰逊夫人积极倡导的美化美国行动的号召。该组织最初由当地官员牵头。然而,到了1964年,三名社区活跃分子被选为它的首批主要管理者。组织的名称杰夫·范德·路(Jeff-Vander-Lou)取自这一区域的三条主要街道的名字,"杰夫"取自"杰弗逊大街(Jefferson Avenue)"、"范德"取自"范德万特大街(Vandeventor Avenue)"、"路"取自"圣路易斯大街(St. Louis Avenue)"。

2. 什么原因导致该组织的成立,其创建过程中获得哪些主要支持?

JVL 公司的诞生是一系列问题、事件和三个主要任务互动的结果,三位重要的早期领导者在社区集会、游行和其他社区活动中产生。这三位领导人分别是马克勒、休伯特和弗洛仑斯。

马克勒是一家室内装潢店的店主,由于城区改造项目,他被迫两度易址。此后,马克勒下决心不再搬家,于是竞选第19区美化委员会委员(委员是政党内部负责鼓励人们投票的无薪职员),但没成功。1964年春,一名警察在社区校园内枪杀一名青年后,马克勒发起一场市民游行。游行队伍逐渐壮大,一度达到5 000~8 000人,游行从JVL地区出发,途径普路特·伊高住房项目(后被废弃),直至警察局总部。随后,马克勒作为发言人参与警方的联合会议。

休伯特是一名年轻的门诺派牧师,来自加拿大乡村地区。当时,休伯特被教堂派到圣路易斯北部的黑人社区。此前,休伯特从未去过大城市,也没有与黑人有过任何接触。休伯特担任一所黑人门诺派教堂的牧师,教堂就在马克勒室内装潢店旁边,并且做得十分成功。随后,休伯特成立一家名叫"把手(the handle)"的咖啡屋,附近街区的居民经常聚集在此谈论他们的问题和担忧。咖啡屋逐渐成为居民和其他对影响贫穷黑人问题感兴趣的人的聚会地点。

弗洛仑斯是一名退休教师,是经常出入把手咖啡屋的成员之一,由于善于组织以及对政客、政见的批评而负有盛名。她说她将同任何她认为不正确的事情做斗争。

这三人1964年被选为第19区美化委员会的主要领导者。他们致力于通过委员会推动改善社区的项目,尤其是住房翻修计划。

在市长塞万提斯的支持下,第19区得到了油漆。但是,第19区美化委员会退回了这些油漆(并附有一封措辞强硬的信给市长),因为油漆只能用于房屋外部。大量危旧房屋的存在说明他们需要更多更及时的帮助。社区得到的另一个援助承诺来自塞万提斯当局组织的"行动:大扫除"计划——这是一项于1965年底在19区开展的清洁运动。但JVL社区仍然把卫生扫除、街道铺设、人行道修理(以及其他便民设施)放在首位,以推进他们的住房翻修计划。

在同一时期(1964—1966),还有另外一项旨在救助贫穷人口和社区的政策也付诸实践。美国经济机会办公室(U. S.

Office of Economic Opportunity，OEO）正准备在叶特曼地区实施反贫穷计划。这一区域的地理边界和第 19 区美化委员会地区大致相同。OEO 的项目通过当地代理机构——人力发展公司实施，他们也是大圣·路易斯城市联盟的执行机构。城市联盟的首要任务是组织一个社区顾问委员会协调工作和调动从 OEO 获取的资源。在实施过程中，街区城市联盟（街区俱乐部）和第 19 区美化委员会之间的冲突公开化了。

在与塞万提斯贫困问题斗争的努力中，以及不久后提出的联邦模范城市计划的背景下，两个特别的事件最大程度地促成了 JVL 公司的成立。这两个事件都发生在 1966 年。

第一个事件的起源是该市申请一项全市性的支持项目，要求发行 7 930 万美元的债券。根据 JVL 公司的受访者和书面记载反映，债券的发行使城市中除了 JVL 社区之外的其他社区得到了极大的改善。尽管向市政当局提出抗议，但官员们没有改变行动计划，也不承诺发行的债券用于第 19 区美化委员会/叶特曼地区。一个当时十分活跃的 JVL 受访者表示，市政当局的拒绝更使他们确信本社区实际上将被彻底拆除和重新建设。担心的原因是这个地区会成为新工业基地，并修建贯穿南北的高速公路。

1966 年 11 月，在马克勒和 JVL 社区的坚定努力以及来自南边白人居住区居民的支持下，债券发行以失败告终。例如，城市发行的一本小册子中有一篇名为"让我们行动"的文章，而 JVL 社区作出相应的反击，发行一本油印的题为"我们坚决反对"的小册子，其中指出 1966 年的债券计划只是重复了 1955 年提出和通过的债券计划。并且，JVL 社区强烈地反对如果债券发行通过即将建造的南北高速路。根据马克勒的说法，高速路将会影响到黑人社区，相较以前两到三倍的人会因城市更新而重新搬迁，其后果是为乡村居民带来好处，但不会给城市人带来好处。

债券发行失败后又发生了第二件事件，1966 年年底，JVL

和城区联盟外展人员会见了圣·路易斯建筑委员,抗议 JVL 社区执行住房法规。市政当局再次拒绝把资源用在改善社区条件的提议。市政官员说,对贫民区建筑的检查只根据明确的投诉,不会在整个社区范围内开展。

JVL 社区的房主们开始投诉违法者,但这些投诉者发现被检查的却是他们自己的房子。受访者指出,不自住的房主受到的罚款较少,而自主的的房主却要求对房屋进行大修。居民承受的法律和经济上的压力迫使他们停止要求对整个社区加强执法。

JVL 社区的工作人员在接下来的三周时间里,收集了1 200 份针对 13 名房产交易商的投诉,这些房产交易商占有或管理社区 85% 的房地产。在这种情况下,提出投诉的人都是住在该地区以外的人。后来,建造专员称 75% 的地区“是不适合人们居住的”,很多家庭被驱逐出来。市政当局在驱逐很多家庭的时候,JVL 又让他们搬了回去,还宣布他们将在教堂、社区中心和其他地方建立“难民营”。

与此同时,在其他几个大城市发生了暴乱。建筑委员会被迫停止驱逐行动,官员们试图通过谈判寻求解决方案,JVL 也被要求承诺不再开展新的城市改造行动。这给 JVL 提供一个机会,可以购买结构完好的废弃房屋,翻修后再卖给居民。

同时(1966 年底),马克勒、休伯特和弗洛伦斯同其他一些组织以及社区居民一起策划成立杰夫·范德·路公司,该公司定位为一家独立的由市民控制的组织。该公司成立的时间为1966 年 10 月 24 日,马克勒被选举为董事会主席。

尽管 JVL 作为一个单独的组织成立了,其支持者和领导者们仍然试图通过叶特曼顾问委员会对 OEO 资源的利用施加影响。

控制咨询委员会的斗争导致人力发展公司的三次选举结果被推翻。在此期间,JVL 获得了社区的支持,担当 OEO 在叶特曼地区的顾问委员会。据 JVL 一名行政助理说,人力发展公司反对 JVL 控制叶特曼顾问委员会,直到 JVL 的影响减弱后,叶特曼委员会的选举才得以举行。叶特曼社团的执行官回忆道,选择被推翻是由于 JVL 的抗议以及不愿意按照 OEO 的要求开放选举并成立基础更为广泛的委员会。1967 年春天,在叶特曼公司成立之前,JVL 合并之后,城区联盟解聘了其负责人。他们中的一些人仍然在 JVL 中扮演重要角色。

最后,1967 年秋天,选举结果出来了。据叶特曼社团的执行官说,JVL 获得 13 个席位,而其余 47 个席位被毫无社区工作经验的其他人获得。1967 年间,JVL 的选民们发现,他们不能对叶特曼委员会的决策和行动产生足够的影响。

3. 资金最初来源于哪里?

JVL 公司在创办之初并没有正式的资金来源。据马克勒和其他受访者透露,JVL 领导层的个人资金被用来支付各种运行费用。印刷和其他此类开销由社区组织负担,包括弗兰克林大街商人联盟。1965—1967 年间,城市联盟的负责人提供了基本的技术支持。因为 JVL 的初期阶段资金来源主要是经私人的,所以 JVL 能够参与一些他们认为与社区存亡攸关的政治活动。

一名 JVL 员工说,1967 年第一次房屋翻修花费 1.8 万美元。JVL 通过向林德尔证券公司申请贷款支付了两家住房的费用。另外,也有资金援助来自社区中的其他人和本地商人(富兰克林大街商人协会,在街道更名后,现在被称为"马丁·路德·金恢复发展协会")。

1967 年,JVL 从门诺派教堂那里一次性收到三万美元的免息房屋重建贷款。此外,门诺派的另外一家教堂提供了另外三万美元用以雇佣一名建筑总监,为期三年。"门诺派赈灾服务机构"派了技术熟练的工匠到 JVL 社区参与房屋翻修,伊利诺伊斯门诺派青年协会筹集资金帮助购买材料和翻修房屋。

据一名受访者说,华盛顿大学的一名教授和他的学生以及其他一些人自 1967 年以来,一直在 JVL 工作。上述志愿者所提供的技术支持,包括基金发展、研究和分析。例如,华盛顿大学的一些工作者研究社区对日托的需求(学生人数与所需空间的比例、营养、选择孩子的标准、日托服务的经费支持)。

JVL公司获得外援的另外一个例子是,富兰克林大街商人联盟所提供的一笔经费,支持JVL的代表去华盛顿州向美国住房和城市发展部(U. S. Department of Housing and Urban Development,HUD)、健康教育和福利部(Health,Education, and Welfare)(现在的健康和人力服务部)、劳动委员会的官员们提交议案。所有早期的提议都被拒绝了,住房和城市发展部特别声明:在慎重考虑JVL的提议前,JVL必须具有获得资金管理的经验,并证明有能力承担房屋翻修工程。

JVL在1968—1969年还获得华盛顿一名门诺派农场主的帮助,这名农场主有运作大规模项目的经验,并且熟知政府的规章制度。在圣·路易斯工作时,他通过教书补贴收入。据门诺派教堂的牧师说,这位教士在帮助JVL各种想法的落实上起了很大的作用。

1967年,来自圣·路易斯的一名成功商人对JVL产生浓厚的兴趣。据《环球民主者》1977年12月5日的一篇文章报道,"泰尔·瑞克公司和箭头产品公司的创始人成立了一家名叫箭头基金会的免税公司,该公司向JVL提供建造医疗所、仓库和用于房屋迁移和屋主培训的场所的启动资金。另外,《圣·路易斯邮报》1976年11月5日的一篇报道称,箭头基金的发起人称私营部门是"工具",社区居民是"工匠"。这篇报道还指出,箭头基金会在六年中,以补助金和免息贷款的方式,为JVL提供了约100万美元的经费支持。

4.在JVL组织成立的过程中,市民参与是强制性的还是通过一些合法基金的介入?

为了减少本章节的长度,这个问题的答案在下一部分呈现。但为了使读者对案例研究所有问题有一个全局性了解,此处仍然保留了原始的问题。问题 5,6,7 也是如此。

　　5.该组织的早期定位是什么?

　　6.该组织主要的领导结构是什么样的?

　　7.该组织的成员和结构是什么样的?

社区组织的演变

　　8.自成立以来,这一社区组织发生了何种变化?

　　随着活动、计划、项目的增多,JVL 在员工规模、工作力度和组织结构等方面发生了变化。JVL 住房开发活动的拓展促使 1970 年成立了一个独立的 JVL 房屋公司。JVL 住房公司符合 IRS 制度的 501(C)(3)条款,所以可被免税、退税,这大大提升了住房开发力度。1967—1970 年,JVL 住房公司同住房与城市发展部协商,成为该部的 236 套出租房屋计划中 74 套房屋的合作开发商,由此促成了自己的发展。此外,商业基金为 JVL 住房公司的成立提供了大力支持。

　　结构变化是伴随着 JVL 每个项目对人员和资金的需要而来的,并且导致 JVL 功能不断延伸。因为 JVL 开始就定下不断综合化的目标,所以这些开发被视做满足社区规划而不是变化。随着 JVL 对社区实施再投资与生存计划,上述发展方向成为克服困难的驱动力之一。

　　除了住房建设外,JVL 的变化主要体现在以下几个方面:

- 1969 年,布朗鞋厂在 JVL 地区设立了一家新工厂,JVL 公司为其设立了招聘筛选和咨询办公室。
- 1970 年代早期,JVL 与富兰克林大街商人联盟合作,通过现代化城市项目促进公共改良。
- 同样在 1970 年代,JVL 设立了住房管理项目。

- 1973 年,JVL 公司提供日托服务。
- 1973 年底,JVL 成立老年人活动中心。
- 1974 年春天,JVL 公布了其第一份报纸,名为《JVL 观察》(《JVL 观察》在当时的美国是一份十分有影响的全国性杂志)。1975 年 11 月,在《自豪》杂志的帮助下改版,更名为《JVL 新闻》。
- 1976 年,在美国劳动部的资助下,JVL 启动暑期青年项目。同年,又一名经济发展成员加盟 JVL。
- 1977 年,暑期项目的副产物——JVL 交流中心获得资助。

以上各项活动,以及完成的许多问题导向型的任务,使 JVL 组织发生变化,反过来通过提供专业人员和适当设备的方式保证了该组织的顺利发展。总体来说,JVL 的疆域没有发生改变,住房开发仍被置于优先地位。

9. 导致上述变化的事件是什么?

10. 整体上讲,JVL 公司变得更独立还是依赖性更强了?

社区重建活动及其支持

11. 什么活动已经完成或者正在实施中?

JVL 已经取得许多成就,尤其是在住房开发领域。

- 1968 年:翻修一座有 12 个房间的建筑;通过 HUD 信托保险还清了五套房屋的贷款;在 1969—1970 年密苏里公平计划执行前,把 10 家私立保险公司召集在一起,通过轮转过程在这些公司之间分散风险,以满足 JVL 对 88 个单元房屋的保险需求。
- 1969 年:翻修"机会公寓",这是一个包含 6 个单元的复合体,耗资 8.5 万美元;翻修谢里丹医疗大楼,它是由医生开办并为 JVL 社区服务的医院;说服布朗集团公司在 JVL 地区建立一个鞋厂,并组织招聘筛选,在这一时期,该地区迎来就业小高峰,450 名工人得以就业。

- 1967—1970 年:在 HUD 项目的支持下,完成 81 个单元的房屋翻修;这些房屋以 1% ~ 3% 的利息补贴卖给社区住户。

- 1970 年:在教堂教友会的人民自助会的资助下,设立房屋管理部门,并支付斯伯兹公寓经理、主管和一名行政助理的工资。

- 1971 年:完成阿瑞瑟斯伯兹公寓的修建,共 74 个单元,耗资 150 万美元,包括一幢二层办公楼和社区建筑(该项目是 JVL 开展 HUD 租房项目的首个开发项目);还完成与 HUD 的另外一个项目的 7 个购房户的住房。

- 1970 年代早期:说服"模范城市"项目投资马丁·路德·金购物区公共设施,包括改善地区街道、人行道、公交车站、公园和其他公共设施区域。

- 1973 年:开设阿瑞瑟斯伯兹托儿所,为 32 名儿童提供服务,这个托儿所与幼儿开发公司合办,最初获得了健康、教育与福利部的资助。

- 1974 年:开办 JVL 敬老院,为老年人提供食宿服务。资金主要来源于模范城市计划、圣·路易斯市以及健康、教育与福利部的资助。在四名来自华盛顿大学的大学生的帮助下,发行了社区报纸《JVL 瞭望》。

- 1975 年:在贝塞斯达门诺派教堂开办第二个日托中心,且在这一过程中对州立法也产生影响(州立法规定日托中心必须有窗户,但此次开设的日托中心是建在教堂的地下室,且最终获得通过,改写州政府颁布的这一条例)。与《自豪》杂志协作,对 JVL 杂志进行改组,成为篇幅有 12 页的月刊,并更名为《JVL 新闻》。完成两项 HUD 租房项目,共有 123 间分散在各处的修复房屋(按照 JVL 的报道,这一时期的房屋计划最初遭到市政府官员和 HUD 地区工作人员拒绝,而在相关人员坚持不懈的努力之下,说服主管人员,抱着试一试的心态最终使该项目获得通过)。

- 1976 年:在 HUD 项目的资助下,与国家住房合作部门协作,开始对分散在各处的 98 个房屋单元进行翻修(1978 年中期完工)。

- 1977 年:从莫特基金获得 14.8 万美元的资助用于 JVL 交流中心的翻新、购买设备和启动项目的开展,并与圣路易斯公立学校系统合作,提供有关电视、收音机、摄像、动画等课程。

- 1978 年:JVL 尝试为以后的社区项目形成一个免税机制。此外,该社区还有三个房屋项目正处于不同的运行阶段:16 号计划中,88 个分散在各处的单元正在安装新的设施;17 号计划中,100 个单元的房屋由 HUD 项目提供经费支出,正在进行中;18 号和 19 号项目,114 个单元的房屋正在修复或新建中。

　　12. 该组织如何参与上述活动?

　　13. 如何制订活动计划?

　　14. 如何开展活动?

　　15. 活动的后续或新投资金是否面临困难?

　　16. 领导/员工参与项目的策划、执行过程与创建组织相比有何不同?

　　17. 如果可以选择的话,各种活动需要什么样的选择?

　　18. 该组织选择不去面对的问题有哪些?

　　19. 长期来看,这些活动给组织特性带来什么样的影响?

与志愿协会和网络之间的关系

20. 列出曾经提供志愿帮助的组织和个人清单。

21. 列出三个目标组织自愿帮助其他团体的重要事件。

22. 该组织是否与同一社区的其他组织有过工作协作？

JVL 非常重视与社区的协作。JVL 进行的房屋修复、儿童看护、老年人项目，所有的项目都是与贝塞斯达门诺会教堂共同组织的。门诺派为最早的房屋项目提供了经费和劳动力支持，此外，JVL 的一个日托中心就在门诺派教堂内。

JVL 为老年人设立的"上门送餐服务"项目，是与叶特曼公司合作的。该项目的实施首先由模范城市项目资助，后来又得到圣·路易斯地区老年人基金会的资助。JVL 交流中心得到美国劳动部和莫特基金会提供的部分经费支持，与圣·路易斯公立学校系统合作，发展成为社区资源和学习中心。参与该项目的学生可以在学校上学时，部分时间呆在 JVL 交流中心。目前，这里有 64 名学生学习电视、收音机、摄像、动画等课程。他们的工作包括为公立学校的调频广播电台采集素材、拍摄教学影片、创建社区文化历史磁带库，根据年长者讲述的故事整理、记录社区的地标性建筑。例如，在研究一幢较古老的学校建筑时，地图上就会标出一些建于 1870 年之前的房子。

23. 该组织是某个大型联盟组织的一部分吗？

目前尚未有受访者或任何书面材料表明 JVL 与某个大型联盟组织有正式隶属关系。尽管其领导者也是许多其他组织或委员会的理事和成员，如马克勒是两州开发署的理事，也是门诺派互助基金、北部协作部（North Side Team Ministry）①和联

---

① 北部协作部（North Side Team Ministry）全名北部协作部圣路易斯公司（North Side Team Ministry Of St. Louis Inc.），是一个宗教组织，主要涉及学校的相关活动和宗教活动。——译者注

合之道(United Way)①等其他组织的成员。

24. 该组织是某个大型城市、地区或国家网络的一部分吗？

1976 年 JVL 曾与国家住房合作部门协作、共同投资,提供了 98 个住房单元的经济担保。除此之外,没有任何证据显示 JVL 是某一网络的正式成员。但它通过自己的员工和志愿者,与圣·路易斯的其他开发公司及社区组织保持一定的职能关系。JVL 也就一些特定事宜与社区组织和租户一起协商,共同工作。

25. 描述目标组织和当地组织之间的关系。

由于其在住房开发和其他在改善社区方面的所作所为,JVL 深受其他组织的尊敬与佩服。然而,卢卡斯山庄村住房发展委员会的一位领导,总结了一些与叶特曼公司和第 19 区市议员有联系的受访者的看法。基本上,当讨论到什么项目能够实现,而另外一些目标只是空想时,冲突和竞争一般就会产生。特别是,JVL 被认为会将项目变成孤岛,与其他项目,如 JVL 境内卢卡斯山庄村,缺乏足够的联系。另外,JVL 高度依赖于 HUD 的经费支持。这些社区领导认为,JVL 很"固执",不愿意改变原有的发展计划方向,使其与卢卡斯山庄的计划相联系。一名政府官员指出,可能上述较为强势的组织存在嫉妒心理。大多数受访者认为,该市需要在不同团体之间正确定位发展协作计划的角色。

没有迹象显示,JVL 和社区居民或马丁·路德·金商业区联合会之间存在冲突。他们在几项早期的房屋翻修项目中有过合作。

26. 总体而言,外部组织在目标组织的运行过程中扮演过重要的角色吗？

---

① United Way,联合之道,是美国最大的慈善机构 。——译者注

与市政府的关系

27. 目标组织与市政府的特定官员或部门有关系吗？

在起步阶段，JVL 和政府部门有过几次不愉快交道的经历。JVL 曾经就许多事宜与市政府打过交道，如债券发行、高速公路的开发、工业园区占地、法规实施、社区发展基金的使用、废物堆积场许可等，上述事宜给 JVL 成员和政府官员都留下了不好的印象，互相认为对方不好打交道。

然而，JVL 与政府的关系仍然保持并朝着好的方向发展。马克勒与市长康威及其首席助理一直保持联系。JVL 的其他成员也与圣路易斯社区发展委员会及其执行主任、助理副主任和社区规划员保持合作关系。另外一名 JVL 成员与圣路易斯培训与就业委员会密切合作，后者负责协调美国劳动部的资金。《JVL 新闻》对第 9 区的警察、官员进行了专访，对他们提供的优质服务给予了特别赞赏。此外，JVL 还与市长的老年人办公室也有联系。

尽管 JVL 与市政府有这样或那样的联系，但当市政府要开展一些对本社区不利的活动时，JVL 会毫无犹豫地坚决反对。如，1977 年初，政府颁布一项法案允许在一定程度上减免开发商的税收，但 JVL 对此表示反对，他们认为这一法案对社区发展不利。1978 年，JVL 开展针对圣路易斯调解委员会的反对活动，因为后者允许建立废物堆积场，JVL 认为这一措施同样会导致社区的衰落。JVL 经常在公共传媒及其《JVL 新闻》上说明反对政府官员或部门的理由。由于压力和冲突的存在，JVL 和政府之间的许多交流都是正式的。

市长指定社区发展处的市民顾问委员会接受市民建议以及市政各部门的提案。在经过审阅和排序之后，顾问委员将收集的提案提交市社区改善委员会和其他市政部门进行复查和推选。提案最后由预算及分配委员会、市政委员会和市长批准。市社区计划者建议选举出 JVL 地区的咨询委员会代表。

28. 这种关系是正式的还是非正式的?

29. 这种关系是建设性的吗?

康威市长表示,JVL 已有能力说服联邦和私人机构为其提供支持。他说,市政府认可 JVL 的积极贡献,市政府与 JVL 一般没有冲突。然而,JVL 反对修建贯通南北的高速公路及修复科克伦公园公共住房项目,曾引发了与市政府之间的冲突。在科克伦公园公共住房翻修计划中,JVL 对圣·路易斯住房部门提出的修复计划提出异议,该计划打算以 300 万美元的成本修复某科克伦建筑。而就在不久之前,该部门否定了 JVL 提出的以相同的筹资模式耗资 550 万,对圣刘易斯布鲁特伊果社区的四座建筑进行翻修。市长认为 JVL 的抗议活动并不仅仅是针对住房部门的,而只是为了增强自身的影响力。但是,市长也指出,目前这一问题在一定程度上已被解决,JVL 与住房部门正处于一种良好的合作关系中。

康威市长的一名助理指出,由于 JVL 在谈判和讨论的过程中转投媒体并希望从媒体那里获得帮助的行为,导致了市政府与 JVL 关系的恶化。他认为,JVL 的这种行为不是在寻求发展,而是在制造对立。这名助理还指出与第 19 区市政会成员对立的政治联盟成为其他一些冲突的根源。

尽管市政府和 JVL 之间存在各种各样的紧张和冲突,但受访者认为,JVL 提出的 16 号和 18 号住房翻修计划已经被列入备选名单。这表明,市政当局还是希望与 JVL 合作的。尽管二者之间存在一些冲突,但有明显迹象表明,二者之间关系对事情的发展是有利的。《环球民主者》的一篇报道指出,马克勒赢得了市政官员的尊重。

30. 市政府是否曾经阻止过社区组织的成立?

圣·路易斯目前有许多社区组织,市政府已经制订了积极协作这些组织的措施。社区发展处已经提出两项建议:一是开发组织的能力;二是资助住房开发项目。1977 年年初,社区发展处成立了圣·路易斯地区开发公司,该公司为起步阶段的小型商业机构提供 10 万美元的社区发展基金。

圣·路易斯还开展了一项社区改善项目,该项目由联邦公共建设工程基金提供 1 010 万美元。该基金由社区发展处管理,工程重点是改善街道和公园的翻修。JVL 也参与了该项目,它主要关注那些有大量私房需要修复的地区。

31. 为了更好地支持和配合社区保护和更新的目标,该市是否对自身组织做过结构性调整?

社区发展处两年前被重组。重组后建立了 18 个规划区作为社区规划的基础,并为 18 个规划区配备了七名社区规划者。他们的主要任务是协助评估社区最需优先发展的项目,与社区代表进行谈话,进行田野调查。规划员通常征求社区领导的意见,经过这个过程后制订规划,指导社区改善政府拨款的使用。

与 JVL 一起工作的社区规划员指出,直到 1977 年市里才提供地方改善资金以支持社区改善项目。规划员注意到这是公众要求的结果。

32. 目标组织与该市之外的主要联系有哪些?

33. 总体来说,市政府在目标组织的发展历程中扮演着重要角色吗?

社区组织所产生的影响

社区的情况

34. 在组织的发展过程中,存在改善社区的有形证据吗?

社区的改善是巨大的、可见的、戏剧性的,甚至那些批判 JVL 的战略和计划的反对者也认可它的成就。JVL 取得的最大

成就是住房开发,包括新建和翻修两项。技术专家参与了房屋
单元的开发,包括建筑学家、合同商、机构首席执行官、保险代
理以及其他 JVL 员工和主任。到目前为止,JVL 已经完成了 18
项,总共 623 个房屋单元的新建或翻修。这 18 个项目中,规模
从 4 个单元到 100 个不等。经过了长达几个月的详细论证和
谈判,这些项目的得以促成、启动和开发。

在 JVL 社区,笔者观察了好几个房屋改善项目的实施。除
了住房以外,设施的改善并不明显。在 20 世纪 70 年代早期,
JVL 致力于运用"模范城市"基金改善马丁·路德·金购物区
的环境。据《JVL 新闻》报道,用于修路、新建人行道、植树、公
交车站、街心公园等项目的开支,花费了数十万的资金。1976
年,《JVL 新闻》报道,该地区的公共设施保持状况较差,广场仍
然缺乏正常的维护。作为经济重建计划的一部分,JVL 将该地
区列入其改造计划中,据《JVL 新闻》报道,JVL 有责任促使城
市下水道管理部门给予该地区更多、更好的服务。

笔者发现整个人行道和路沿大大恶化,空地废物狼藉,长
满了杂草。JVL 不断向市政部门施加压力,要求解决这些问
题,并有效地利用《JVL 新闻》对整修情况进行监督。目前,JVL
把更多的努力放在人行道改造和住房建设上——在空地上建
设新房屋。

1968 年,JVL 说服布朗制鞋公司在该社区建立分厂。鞋厂
提供了 300 ~ 450 个就业岗位。据 1976 年 11 月《JVL 新闻》报
道,工厂总监报告说工人的出勤率达到 97%。此外,布朗鞋厂
也实施了面向领班和监工开设的培训项目。JVL 长期设立人
事办公室,就法律实施而言,JVL 汇总了居民的投诉,定期识别
当前的"热点"——社区的某个角落或街道,随后在《JVL 新
闻》予以跟踪,并报告给警察。任何后续的改善也会得到报道。

35. 是否有证据证明组织阻碍或妨碍了社区物质条件的
改善?

居民的看法

36. 居民对目标组织的看法如何?

许多受访者认为,1970—1976年,该社区的犯罪率有所下降,JVL对此作出了很大的贡献。1977年的市场研究中的警方数据证实了这一情况。

据《环球民主者》的一位记者反映,JVL社区缺乏吸引年轻的中产阶级进入社区的商店、文化活动和机构,除了答应重新入住北部的忠实居民和与那些支持黑人区自助的人外,他说这些人也会乐意冒一些风险,尽管报道指出该社区的犯罪率在下降,但广为传播的一个说法是JVL社区非常不安全。记者不居住在JVL社区,但他的报道包括该区域。

一名居民在评论中总结了住在JVL社区的部分人的看法,他认为,对他来说,社区就像边境。他说有住房的人能更好地照顾自己。他指出,JVL社区具有基本的权利(在组织的努力下人们是一个统一的整体)。居民们对JVL的评价是正面的,多数人经常提到在住房方面物质条件的改善以及拥护JVL在本地区扮演的角色。有几名受访者提到参与和融合社区比较容易。如,一位居民参加了每月一次的会议,了解关于改善空地的计划,他提出了他的观点,结果推土机在10天后就到达了。现在居民把这片地保持的洁净整齐。

37. 居民觉得目标组织解决了社区的问题吗?

所有接受访谈的居民都认为JVL解决了社区最重要的地区问题,同一般的维护和清洁一样,商业发展也是最常被提及的问题。商业再投资基于马丁·路德·金商业地区的市场调查的预测。大多数受访者认为JVL的努力已基本达到了极限,在新资金来源或其他资源到位前,商业投资必须放缓。据悉,城市服务不足的原因是本市已经试图缩小北部社区,用来发展工业园区和新的高速公路建设。

38. 目标组织的活动引起居民活动增加了吗?

JVL开展的老年人活动项目,为该地区的老年人提供了多样化的新活动。JVL 开展的有关电影、演讲、交通和陪伴服务、辅助购物、福利问题服务，每周吸引了上百位老年人来参加。青少年则能通过"夏季青年计划"获得更多的娱乐、教育活动。年轻人的暑期活动主要是在社区范围内进行。例如，目前正在展览的视觉艺术项目，表达了年轻人对新娱乐设施的看法。此外，年轻人创作的电影在本社区取景。颁奖仪式活动尽力让 JVL 社区各个年龄阶段的人都参与进来。

JVL 每月在门诺派教堂举行一次社区会议。受访者称，出席的人数根据所讨论主题而上下浮动。讨论的话题包括，增加税收（一般会有市政府高级官员到场）、空地项目、健康问题和药物税、JVL 委员会的选举以及 JVL 的项目计划。JVL 居民可以通过多种方式与城市官员联系，如正式会议、电话及其他直接在各种服务中的直接交流，因为 JVL 公开直接负责不同事宜的市政府官员信息。据受访者报告，《JVL 新闻》公布的电话指南使用频繁，指南包括许多市政厅的电话号码。

JVL 领导人员指出，JVL 和社区的许多俱乐部及其上级组织保持联系，如联邦街区联盟，然而，这并不意味着 JVL 会再建俱乐部。一些组织，如圣·路易斯社区组织代表大会和北部协作部有 JVL 的一些领导。该代表大会通过新闻发布会向社会各界传达一些话题。相关的话题包括，社会服务、房屋和社区的改善、市民的参与、低收入家庭项目以及政府基金的分配。对于 JVL 来说，这些组织像牧师一样，是每周信息传播和收集的渠道。

39. 有没有居民因为目标组织而变得在社区之外更具影响力？

40. 自从该组织建立以来，社区变得更为团结还是分裂？

总体来说，JVL 对社区的贡献使得社区更为团结。马克勒在社区会议上，不时地扮演布道者的角色。社区居民对他的拥护，使得马克勒更加享受自己的工作。马克勒本人无疑也是使得 JVL 更加团结的原因之一。据受访者们（包括市长康威和其他市政府官员）说，若用一个词描述 JVL，那就是——"吸引力强"。

种族和社会公平

41. 组织是如何处理社区中的种族和贫困问题的？

JVL 所有的活动,都与改善贫困人口和黑人的境况有关。它所记录的成就代表了那些为了解决美国较老的大城市中的穷人与黑人问题所做的努力。整个案例研究都是对种族和贫困问题的回应。

42. 目标组织是如何应对社区模式转型的——取代、融合还是恢复种族隔离？

JVL 试图通过为老年人开发新的补贴住房来留住老居民。在其他情况下,JVL 把翻修后的住房以很优惠的条件回售给租户。JVL 还修复那些老旧但还不错的房子给中等和上等收入水平的居民居住。JVL 的住房开发计划中都有一个清晰的把不同经济收入整合在一起的模式。

据一名白人受访者讲,JVL 社区没有经历种族融合事件。尽管他们都在教堂附近的地区居住和工作,但他们与社区活动有千丝万缕的联系。种族融合的局面似乎只出现在一所打了几年官司才废止种族隔离的学校里,看来短期内不会出现其他种族融合的情况。JVL 社区的商业社团与 JVL 的整合和合作紧密,JVL 的劳动力也是整合的。

43. 目标组织中是否发生过种族分裂的事件？

领导和其他受访者指出,这种分裂从未发生过。该组织在成立之初,其领导团体中既有黑人也有白人,既有女性也有男性。到今天,该组织的领导者和工作者依然保持了很好的多样性。提及的问题都是与个性差异有关的。

44. 长期以来,针对上述四个问题,该组织的政策或活动是否有变化？

45. 该组织的领导和工作人员如何描述 JVL 活动的成就和不足？

原来的案例研究列出了 22 项主要成就,大多数前面已经多有涉及,下文为主要的不足之处：

- 普利特地区公共住房楼群的毁坏，尤其是 JVL 提议修复和管理的四幢建筑。
- 其他地标的破坏，如建于 1872 年的地沃尔学校。
- 拒绝由大圣·路易斯基金会提出的"机会公寓"资助。
- 未能阻止市政府建立非法废物堆放场或其他散布于整个 JVL 地区的破坏性物质。
- 未能赢得地方政府对改善公众住房的大规模投资方面的支持。

46. 该组织如何加强领导力或提升居民的参与度？

47. 该组织有同时处理几个问题的能力吗？

48. 在该组织的发展过程中，是否有过什么事件威胁到该组织的存在？

该组织领导声称，在 JVL 发展过程中，最大的威胁来自于筹集经费的需求。为了应对这一困境，JVL 不断开发新的经费来源渠道，重组与工商业合作的组织财务实践，来解决资金不足的问题。为了具备 20 万美元的核心预算，JVL 努力提高自有资金水平。

其他的威胁来自与当地政府的持续斗争。按照 JVL 相关的书面材料和受访者反映，JVL 社区直接面临地方政治问题，这动摇了它得到的支持与受到尊敬的社区基础。

49. 是否有特殊事件塑造了该组织工作的特征？

马克勒宣称，"我们将自己奉献给社区"，还用"激情"和"奉献"来描述 JVL 精神。一名欲入住 JVL 社区的成年受访者称，"我希望在社区实现平等，但没想到获得了更加丰厚的回报，这种回报不是金钱，而是一种当你回到社区、回到自己家中的满足感。无论是捡起散落在地上的垃圾还是回答来到社区资源中心的年轻人的问题，我觉得都是有所成就的。"

受访者名单和附注的资料目录

该案例研究的最初文本包含 25 名受访者，有详细头衔、住

址和电话号码,此外,还有引用的 34 份文件、报告和印刷材料
的目录。

幕后故事:成为回答者而非提问者

尽管社区组织并不拒绝外来者,要对其进行研究也绝非易
事。你需要与组织者建立一定程度的信任,作为过程的一部
分,他们可能会对你进行试探。

如果你计划采访某位组织者,并在预约地点见面,你可能
会发现现场有许多组织者,他们甚至会对你进行采访。他们可
能希望你能对一些问题进行直接的回答,如你做这项研究的动
机;你个人对社区组织甚至其他一些特定组织的看法;你的背
景以及是否有能力做这项研究(当年和某一个受访者访谈时,
无论是你打算征得他的同意来参与你的研究还是作为访谈的
一部分,他可能也会问你同样的问题)。

做田野调查时,你在一个真实的环境中工作,其他人有着
自己的轨道。做田野调查不同于在实验室做实验,甚至也可能
会组织一场结构式问卷调查。

课堂讨论和书面作业

对一项你已经开始了或者正在筹备的研究(不一定是案例
研究),讨论你将如何应对可能遇到的问题,无论是事先知情同
意还是田野调查中参与者临时提问:你为什么做这项研究? 你
做这项研究的条件是什么? 你将如何使用研究结果? 研究结
果将对参与者产生什么影响,或没有影响?

第 III 部分

解释性案例研究

解释性案例研究的难度最大,可能也是最常遭遇挑战的一种案例研究方法。每项解释性案例研究,都寻求解释一系列事件是如何以及为何发生的。在现实世界中,针对事件的解释可能十分复杂,时间跨度也很大。在这种情况下,我们有必要使用案例研究方法,而不是实施一项研究或进行测量,尽管后者也能解释其他的一些重要问题(Shavelson & Towne,2002,pp. 99-106)。

第 III 部分(第 7 章)通过呈现一个概括性例子来为解释性模型建立大致轮廓。这个例子展示描述性案例研究和解释性案例研究的不同,后者试图通过加入更多的因果推理。在这个简要的例子中,因果推理的路径显示,外部基金改变了不同教师的电脑科学研究的焦点,从"依靠纸笔的理论研究过渡到了高度电子化的研究"。此外,第 8 章和第 9 章也遵循了同样的解释推理:第 8 章呈现了三个简洁的案例研究,试图界定取得一定反毒品成效的情形;第 9 章呈现了一个完整的案例研究,试图解释一个制造公司如何提升其商业成效。

解释性案例研究面临着一个挑战:即案例研究的因果推理过程似乎与使用实验研究一致。案例研究,尤其是单个案能不能证明结论呢?这个问题的答案是:案例研究无法提供实验研究方法的确定性。然而,案例研究中所包含的对事件的解释通常能够扩展我们对事物因果关系的理解,而这种深入理解在实验研究中是无法获得的。其他的研究方法可以正式检测因果关系,案例研究能够解释这种关系以及一些没有出现的事物。这样一来,我们可以将实验研究和案例研究以及其他一些不同的研究方法看作互为补充的研究。你可以在同一个研究中使用多种研究方法,各取所长,达成研究目的。

研究者可以通过练就另外一项基本技能来大大提升解释性案例研究的可靠性:寻找和检验竞争性解释。案例研究包括对竞争性解释的探索,如果有足够的证据证伪这种竞争性解释的话,研究者可以对最初的解释和结论抱有更大的信心。第 10 章就呈现这样一种研究思路,使用了竞争性解释。

7

一个简短的例子

联邦资助对某校计算机系的影响

　　下面所要分析的例子其实并不能算是真正的案例研究,它是某个联邦资助研究项目的主持者提交的结题报告的"摘要"部分。作者试图把一所大学中计算机系组织结构的重大改变归因于联邦政府提供的一笔专项基金。由于该报告摘要碰巧包含解释性案例研究的所有要素,虽然该摘要的篇幅很短,不可能列举足够的数据材料来证实其逻辑,但是它确实能够帮助我们理解如何去实施解释性案例研究。因此,我们将这一案例呈现在第Ⅲ部分。

　　为了突出该摘要所运用的逻辑,笔者(指本书的作者,而并非该摘要的作者)在该摘要的原文中加入了方法论方面的评注和分析(加黑部分)。

　　1980—1986 年,康奈尔大学的计算机科学系迅速从依靠纸笔的理论研究方式过渡到高度电子化时代。系里的计算设备从 1 台 VAX/780 和 1 台 PDP11/60 计算机,发展到以 UNIX 系统为主,包括将近 100 个工作站的复杂体系。所有教师、科研人员和研究生现在每天都能使用计算机(**这是最初的结果,下文将详细阐述**)。许多以前无法进行的研究现在可以进行了(**这是稍后的结果,下文将详细阐述**)。

　　这种转变的发生,应该归因于计算机技术的成熟(**并存条**

件之一,**也可以作为一种竞争性解释**)、教师及科研人员研究兴趣的极大变化(**另外一个竞争性解释**)、硬件和软件的发展使人们能够以可接受价格购买并进行复杂的计算(**第三个竞争性解释**)。然而,如果没有国家科学基金会的五年合作实验研究(Coordinated Experimental Research, CER)DCR81-05763 计划,这种变化是不可能发生的(**主要假设干预条件**)。CER 基金提供的科研基金,可以使计算机系购置最先进的计算机及其他辅助设备,对之进行维护、保养,并可资助青年教师,吸引优秀人才,充实科研队伍(**这是对事物因果关系的总体性解释,下面将进一步分析**)。

这项资助对于计算机系的影响和作用,可以从其资助的几个研究课题中看出来。图灵奖(Turing Award)得主约翰·霍普科罗夫特把其研究兴趣从算法理论和计算机复杂性转到机器人技术领域,现在,霍普科罗夫特正带领一个朝气蓬勃、极具活力的研究小组专攻机器人和实体建模技术(**实施的结果之一**)。理论家罗伯特·康斯特伯及其团队一直致力于研究数学机械化系统。这个系统的目标之一是从数学证明中提取程序,目前已经在理论和实验方面带来许多新进展。它显现了 20 年后专业编程的雏形(**实施的结果之二**)。提姆·泰特尔鲍姆和他的团队,把著名程序合成器开发为一个能够产生用正式语言描述的程序环境的系统。其合成器已经遍布世界 120 余个地方(**实施的结果之三**)。肯·伯曼及其团队,正在开发一套能够容错的试验性分布式操作系统(**实施的结果之四**)。访问学者保罗·普里查德利用计算机系的设备在素数研究方面也取得突破,第一次发现了 19 个素数的算术级数(**实施的结果之五**)。

CER 基金的资助吸引大量年轻有为的学者来此进行研究,如果计算机系没有如此多的研究设施,他们是不可能来此执教的(**另一个结果**)。正是由于大量优秀人才的加盟,该校计算机系才得以设立新的研究机构,主攻其他新的研究领域,如大规模集成电路、并行结果及编码优化、函数式编程以及人工智能等(**第二个成果**)。CER 基金的资助达到了其预定的效果,它使计算机系实现扩展其研究领域的计划,在保持高水平理论研究的同时,使计算机的应用更加广泛和便利(**结果概括**)。

幕后故事:自我报告数据

　　本章所呈现的数据来自一个政府代理机构的官方文件。这个代理机构为计算机科学系提供了经费支持。摘要部分是该机构一份篇幅更长报告的一部分,这份报告呈现了更为详尽的信息,描述了该系自从收到这笔经费而发生的变化。尽管这样的报告带有"自我报告"的性质,但由于报告的官方性质以及保证人有义务为所收到的经费提供准确的报告,这些数据还是有一定可信度的。因此,在为田野调查做准备之前,阅读上述报告是一个非常好的准备方式(可以在田野调查中验证报告的重大事件)。

课堂讨论和书面作业

　　讨论依靠自我报告信息(如本章所讨论文件)的优点和缺点。鉴别在何种情况下可以相信一些信息,在何种情况下应该质疑信息的真实性。

8

解释性案例研究的基本要素

三个反毒品案例[①]

下面三个描述性案例按专门为案例研究学习者编排的结构展开。为了达到这个目的,本文还包含一些特殊的注解。首先,文本中的重要证据为楷体字。其次,旁注标出的加粗字体所列主题评论,表示案例研究中解释性辩论的推定线索。

三个案例都有意缩写,和连续评论一起呈现解释性案例研究的基本逻辑。每一案例的基本论点是:(1)社区形成的;(2)伙伴关系支持下的;(3)活动导致的;(4)减少药物滥用的(见材料框10)。每一个缩写的案例研究都面临着一个挑战,即如何安排数据,从而能够呈现假定的"如何"和"为何"的线索(见第13章,一个相同主题之下的个案研究评估)。

---

① 本章包括三个高度压缩的案例,摘自罗伯特 K. 殷(Robert K. Yin)领导、COSMOS 公司员工协作完成的一份报告。这份报告是美国健康与人类服务部(Healthy and Human Services)实施的一个项目成果。随后,这一团队也完成了一份专门展示解释性案例研究的压缩版本,这个版本被广泛用于案例研究的教学中,本书也将这一版本纳入其中。——作者注

材料框 10　逻辑模型

　　本章所呈现的案例研究过程和成果的假设顺序,组成逻辑模型的概念。可以通过收集和分析案例研究数据来检验假设顺序的准确性,判断与假设的时间顺序是否相同。

　　准确表达逻辑模型本身可被视为目标。例如,在研究公共项目或组织变化时,如第8章所示,有时候组织一个逻辑模型,在收集任何实证证据之前,仅仅凭直觉就可以看出某个变化与所期望的结果在逻辑上相关联(Wholey,1979)。建立一个有吸引力的逻辑模型可以发挥两方面作用。首先,这个模型能够指导计划的实施。其次,案例研究团队建立一个假设的逻辑模型,能在收集数据之前就让大家有相关的常识。

（详见 Yin,2009a,第5章,"逻辑模型部分"）

　　很明显,篇幅更长的案例研究能够提供更多的证据,但压缩版本的目的是阐明解释逻辑的要素,而不是提供细节的证据。

　　尽管简洁,下文的案例也呈现竞争性证据的使用。一些竞争性观点是用于说明合作的新颖性和独特性;还有一些是关于合作是否是各种活动的实际诱发因素;此外还有一些是关于合作和反毒品成效之间的关系。如果能更多地排除这些竞争性解释,就意味着有关结果的解释更具说服力,也再一次显示案例研究能够解释"如何以及为何",并阐释原因和预设结果之间的关系。

　　作者并不打算将以下三个案例作为任何跨案例研究逻辑的一部分。然而,读者可能会将其视为对同一理论——社区合作的重要性及其角色——的复现。从这种观点来看,重复性研究越多,其证据的说服力就越强,研究结论就越扎实。

简化的案例 1：
居民会议号召人们行动起来，反对毒品交易

1992 年，美国波德镇的凶杀案发案率达到历史最高峰。同样，由于毒品而被逮捕的人数和与毒品有关的犯罪也很多，并处于不断上升的趋势中一个新的合作团体——社区合作联盟（Community Partnership Coalition，CPC）派遣其反毒品任务小组与社区协作，找出犯罪盛行的原因并提出解决方案。设于市长办公室的社区合作联盟召开一次全镇居民会议，听取市民们对犯罪的看法。这是该市有史以来第一次试图组织市民来就这个问题发表见解。

业已存在的问题

合作促使各方力量共同介入

1992 年 11 月的市民会议吸引超过 1 000 名的参与者，会议主题聚焦于该市的几个问题，包括毒品交易、废弃的房屋、缺少社区参与以及其他与生活质量相关的问题。社区合作联盟连续在居民、警察、公共事务官员及其他人中间召开 15 次类似会议，分析存在的问题，听取各方提出的对策建议，并将这些问题按照优先顺序进行排列。除一个社区外，其他所有社区的居民都将毒品和毒品交易列为最关心的问题。会议要求市民举出具体的例子，如指出废弃房屋的地址以及毒品贩子常常出没的街角。

合作规划

　　借助社区市民所提供的信息，社区合作联盟将镇政府、镇警察局的官员和公共事务局的官员召集到一起。这是有关各方第一次进行合作。结果，他们在 1993 年 5月出台"消除行动"方案，该方案分为两个方面：（1）出台扫毒行动方案，严打贩毒、吸毒活动；（2）简化拆除废弃房屋的审批程序，加快拆除节奏，彻底拆除毒贩活动的场所。虽然这些措施都未超出现有的毒品执法的范围，但其独特之处在于，社区合作联盟、居民、公共事务部门共同来识别目标。

合作的独特性

合作活动

　　"消除行动"的经费部分由波德镇财政承担。社区合作联盟也组织募捐活动，为行动提供部分经费。这一努力的成功取决于社区合作联盟发起的、一直持续至今的社区会议以来的社区成员的积极参与。

　　一个可能的竞争性解释是，"消除行动"的产生是源于此前就已经存在的一项社区警务计划；但这个说法是没有根据的，因为参与"消除行动"的警察分部只是麻醉剂分部（这个分部只负责收缴和查封毒品），而不是社区警务部门。

这就排除了另一种竞争性解释

1994年4月,"消除行动"成效显著,共逮捕了涉毒罪犯1 278人次,没收了311件非法持有的枪械。总体来看,1992—1993年,执法机构逮捕涉毒罪犯上升了150%,其中有43%应该直接归功于"消除行动"见表8.1)。毒品法庭(负责处理所有的涉毒犯罪)提供的统计数据表明,毒品拘留案件的质量也有所提升,1993年6月之后,触犯重罪的有罪答辩量上升了41%。警方在非法麻醉剂的交易中截获了678 962美元。此外,自从1993年6月"消除行动"实施以来,全市与毒品相关的杀人犯数量下降了三分之一。与上述趋势形成对比,其他犯罪率仍然保持不变,甚至有所上升,这排除了其他因素对毒品犯罪率下降的影响,也从一个侧面证伪了竞争性解释。

"消除行动"另外一个方面的成就也很显著,预计要拆除的房屋1993年有336所,于1994年全部完工。每一幢房屋的拆除时间也从预期的8个月下降到6个月,平均翻修费用从1992年的2 000美元下降到了1993年的1 555美元。社区广泛参与的另外一个积极影响是,向警方和公共事务部门举报的犯罪案件有所上升。在"消除行动"付诸实施的六个月内,在案件高发地区,居民向警察提供涉毒案件线索的次数激增了36%,平均每月上升6%。案例研究团队几乎没有发现竞争性解释,包括毒品进入该市的数量变化和其他警局的强化打击犯罪行动。

可以量化的结果或影响

结果

拒绝了有关结果和影响的竞争性解释

其他方面的结果和影响

排除了其他的竞争性解释

表8.1 全镇会议激发了反毒品交易的行动

		1992 年前	1993 年后	1992—1993 年 增长情况
执法部门	涉毒逮捕	1 020	2 547[a]	149.7
	收缴大麻	4 821 镑	24 521 镑[b]	408.6
	收缴可可因	161 镑	3 491 镑[c]	2 029.8
毒品法庭	陪审团审判	17	74	355.5
	法官审判	2	0	0.0
	有罪答辩	574	808	40.7

注:a. 其中 42.5% 的涉毒逮捕是由扫毒行动部门执行的。

b. 其中 11% 的大麻是由扫毒行动部门缴获的。

c. 其中 4% 的可卡因是由扫毒行动部门缴获的。

简化的案例 2：跨部门合作降低酒后驾船案件

截至到 1990 年，美国周边海岸区域酒后驾船(Boating-While-Intoxicated，BWI)案件年年攀升。该地区没有采取任何行动来处理这个问题。例如，美国海岸警卫队按照命令，将注意力主要集中在水域安全，而不是监督酒后驾船。水上执法机构包括海岸警卫队、港区巡逻队和州环境警察，都遵循着"不告不理(enforcement by demand)"的政策，极少关注酒后驾船事件，也从来没有因为此事而逮捕过任何人。上述三家水上执法机构都没有任何针对酒后驾船的巡逻、封锁或检查的行动，更没有其他任何预防措施。业已存在的问题

1991 年 1 月,一个新的合作关系——
海岸安全防范网络(Seaside Prevention Net,
SPN)成立。其成立后 SPN 项目主任的第
一件事,就是联系海岸警卫队,探讨双方合
作的途径。水上安全(包括药物滥用相关
问题)被看作是双方共同关心的问题。随
后,SPN 于 1991 年 2 月成立了水上安全联
盟。该联盟将工作的重点放在提高社会成
员的协作、社区意识以及对船只驾驶者进
行培训。这些活动几乎是在该联盟一成立
就实施,SPN 支持社区开展宣传活动,并为
水上安全联盟提供人手。

形成合作关系,共同介入海上安全

此前的 1988 年,美国联邦第一个禁止
酒后驾驶船只的规定就已生效;1992 年,
有关判定醉酒状态的细则已经开始实施。
水上安全联盟的目标是通过宣传这些法
规,提高社会对酒后驾驶船只危害性的认
识,并开展预防活动。在此之前,有关当局
并未做过这样的尝试。

支持性的背景事件

水上安全联盟第一次把三个相关执法
机构联结在一起。当有人组织大型水上游
乐活动时,这三家执法机构就会互相合作,
划分各自的巡逻区域。1993 年,州环境警
察和海岸警卫队达成一项机构间协议,对
各自在司法管辖上的责任、权限作出了明
确的规定。

此前没有类似合作

合作的独特性

　　为了提高整个社会对酒后驾驶船只危害性的认识，该联盟在海边的水上加油站里贴了三百多张宣传画，每年向所有船只驾驶员寄送警示宣传材料。其他相关活动包括在船只上张贴提醒禁止酒后驾船的不干胶小贴纸、在报纸上刊登文章以及在有线电视网播放宣传广告，等等。　　**合作活动**

　　海岸警卫队附属机构也是该联盟的成员之一，他们通过按照州资格证书的标准协办初级船员培训班，对驾船者进行指导。到目前为止，已有62名年轻人接受了培训，获得了州政府颁发的初级船员证书。通过这些活动，SPN持续不断地提供经费、组织和人力等方面的支持，这种支持一直持续至今。在过去，其他个别机构也都做过相关的工作，但却没有哪个机构担任组织协调工作。　　**其他合作活动**

排除了其他竞争性解释

　　到1993年，海岸警卫队、港区巡逻队和州环境警察只报告了14起酒后驾船（包括船上逮捕、事故及死亡）事件。而1990年，三家机构共报告了35起同类事件（见表8.2）。此外，酒后驾船占所有船只事故（由当地桥梁当局主管提供）的比例也从1990年的0.16%下降到了1993年的0.05%。　　**量化的结果**

表8.2　酒后驾船事故的变化

参与强制行动的代理机构	1990	1991	1992	1993
美国海岸警卫队	30	19	10	8
当地港区巡逻队	3	5	1	5
州环境警察	2	0	0	1
酒后驾船事件总数	35	24	11	14
酒后驾船占所有船只事故的比例	0.16%	0.10%	0.06%	0.05%

简化的案例 3：代驾司机计划

夏季城以及周边的度假社区都出现了
与酒精相关的汽车伤害和死亡急剧季节性
上升的情况。因酒后驾驶而被逮捕比例也
超过了该州的平均水平。居民们对此表示
担忧，他们一方面希望继续保留该地区的
旅游产业，另一方面又希望尽量减少酒驾，
保证当地居民和旅行者的安全。

业已存在的问题

1991 年，夏季城成立减少酒精滥用合
作组织（Partnership to Reduce Substance
Abuse，PRSA）。该组织成立后即着手寻找
既有效又不会削弱当地旅游业的措施。此
前，有关方面曾经计划开展"代驾司机运
动"，且周边社区已经进行了试运行。合作
组织成立后对该方案进行修改、扩充，制定
了安全司机方案。

合作平台

合作组织发起
的活动

PRSA 起草了两份有关酒后驾车的提
案，经过市政府和司法部门的听证后，成为
当地的地方法规，并很快生效。第一项提
案要求所有的酒类零售商限量供应酒类饮
料，并要求拿出预防顾客酒后驾驶的方案；
第二项提案要求居民展开联署，参与消除
酒后驾驶合作组织。当地治安警察把这些
新规定通知到了每个酒类饮料供应商。

合作活动

　　起初,人们把因酒后驾车而被拘留的
人数,当作判断消除酒后驾车措施是否成
功的标准。尽管严格的执法措施会使因酒
后驾车而被拘留的人数出现短暂上升现
象,但从长远看,如果消除酒后驾车的合作
活动有效,那么被拘留的人数最终会下降。
因此有必要掌握规定实施前后一段时间的
拘留人数。

　　夏季城把实施新规定之前几年中的酒
后驾车拘留人数与实施后的拘留人数进行
了对比。比较结果显示,在经历了一个快
速上升之后,因酒后驾车而被拘留的人数
在 1990 年到 1994 年间出现了小幅下降。
(见表 8.3)

量化的结果

表 8.3　代驾司机计划的成效

	1998—1994 年 6 ~ 8 月因酒后驾车而被拘留的人数	
	年　份	被拘人数
方案实施之前	1988	52
	1989	69
	1990	88
方案实施一段时间后	1991	72
	1992	76
	1993	65
	1994	62

安全司机计划之所以能广泛实施,主要是因为合作组织不但得到当地执法部门的支持,而且得到酒精饮品供应商的支持。正是由于几方面共同努力,才能够在不损害商业利益的情况下,强化执法,减少酒后驾车。除此之外,合作组织之所以能够获知因酒后驾车而被拘留的人数——它是评判计划是否成功的指标——是因为当地执法部门也是该合作组织的一员。在成立合作组织之前,这种几大部门之间的合作关系并不存在。

归功于合作

排除了其他竞争性解释

在安全司机方案运行期间,州政府发起一项抵制酒后驾车的活动,然而,其他度假区的酒驾事件并没有减少,相反,他们报告的同一时期因为酒驾而被逮捕的案件数量甚至有所上升。

讨论可能出现的其他竞争性解释

幕后故事:缩短的案例研究

大部分篇幅较长且包含大量信息的案例研究会挑战读者的耐心,可能有的人无法跟上文本并吸收其中的信息。因此,本章的三个简短案例试图用尽可能压缩的篇幅来呈现案例研究的材料。然而,这种压缩可能会产生另外一个不好的后果——即读者可能会怀疑案例研究的可信度,因为这种陈述方式确实过于简短,以至于忽略许多细节的信息。

为了克服这些挑战,一种被大家广泛接受的方法就是撰写两个版本的案例研究,一长一短。需要注意的是,较短的版本应该与传统的摘要有所不同,因为它将仅仅呈现实际的案例研究。换句话说,如本章所呈现的三个案例那样,较短的版本将不会讨论诸如方法论和其他背景信息,而这些内容在摘要中是十分常见的。从这方面来看,研究者依然可以在较长的版本中撰写一份摘要。

课堂讨论和书面作业

讨论如何撰写一份简要的案例研究报告,同时让读者依然相信研究的结论。考虑在简短的案例中,何种图表和表格会对行文有帮助。假设在上述三个案例中增加一些主题,考虑怎样才能在不增加篇幅的情况下,增强文章和结论的可信度。

9

通过战略规划使企业转型[①]

对企业进行研究时,通常采用案例研究法。本章展示了如何设计和实施以企业为研究对象的解释性案例研究。该案例中的公司经过精心挑选,因为它成功地完成了转型过程。

这家公司是个家族企业,主要生产机器和零部件。这家企业受到来自客户的巨大压力:要么完善生产系统,要么失去订单。实施单元生产技术解决了生产中存在的问题,企业生产能力提高了3倍,雇员的技术水平和解决问题能力达到一个新水平。除了生产效率提高外,企业管理层对于如何分配企业新增产能也形成一致的看法。企业管理层采用战略规划程序,设定企业的长远发展目标,包含市场营销、信息管理、生产制造、人力资源等部门目标。

这一案例研究记录下了该企业所经历的变化,展示出该企业不仅生产能力大为提高,而且整个企业及企业文化也有根本改观。除了叙述该企业发展变化的过程,案例研究还揭示了这些过程如何导致公司在销售业绩和盈利方面的增长。

---

① 本章基于设在马里兰州的美国商务部下属的国家技术标准研究院发表的《转型企业的案例研究》(*Transformed Firms Case Studies*)一书中某个研究报告改编而来,罗伯特·K.般负责该课题的设计和实施,不同的研究者分别承担了该课题的具体研究工作,罗伯特将它们压缩并编辑到了本章。这份案例研究同时也是第14章跨案例分析的一部分;在撰写本章的过程中,引用了瑞科公司的多种文件、美国统计局数据等文本。——作者注

材料框 11　三角互证

许多研究者都知道三角互证(triangulation)的原意：三个矢量交叉在一起(一个、两个不够，四个就显得多元)，就可以确定几何空间中的一个点的位置。这一概念被借用来处理社会科学的证据：从三个不同来源的数据都能相互印证，且共同支持某一结论，那么就可以认为该结论具有极强的说服力。

若研究者不能亲身参与调查，那么要准确地描述事件的发生过程是十分困难的。但如果你的研究显示，访谈、文件和档案记录都指向相同的结论，那么你就会对自己所要陈述的观点更有信心。本章所呈现的大部分案例都是这样的情形。三角互证法是处理案例研究数据最理想的方式，研究者应该在研究的过程中努力从不同来源的数据中找到三角互证。做田野调查的一个线索就是对不同来源的证据询问同样的问题，在不同的访谈中问同样的问题。如果所有的信息来源都指向一个结论，那么，你就运用三角互证成功地证明了结论。

(详见 Yin，2009a 第 4 章"三角互证：使用多来源证据的理由"部分)

从方法论方面看，下面的案例研究包含不同来源的证据。在大多数情况下，研究中采用的有关证据都形成于来源信息的三角互证(见材料框 11)。

企业概况与转型的原因

瑞科公司是个私营的家族企业，主营范围是机械加工和零部件制造。它坐落在美国德克萨斯州达拉斯-沃斯堡大都市的中心。瑞科公司主要向军工企业提供全面的机械和金属加工服务,其产品的90%用于国防工业。

国防工业整合、管理层变化及产量提高刺激变革

1990年代初期,瑞科的内部和外部商业环境发生巨大变化。1992年,瑞科创始人兼总裁将该企业经营权转交给他的儿子瑞·小华莱士。同年,海湾战争爆发,瑞科的主要客户洛克希德·马汀航空航天公司开始大规模整顿其供应链,在两年的时间里,将供应商的数量从1 600家减少到400家。

瑞科公司在这轮大规模的削减中得以生存,并获得为洛克希德·马汀供应零部件的新机会。瑞科公司获得几千个其他零部件的订单,但是,瑞科公司的生产制造系统跟不上这种改变,制造周期长,装配时间长,在零件的制造、存储和运输过程中忽视质量。在早先的一次访谈中,小华莱士就说过,"公司一年中每周工作七天,没有休息日"。华莱士查找不到想要查找的订单,也没有足够的文件柜装下所有的文件。生产线上等待加工的零部件如此之多,以至于工人在生产车间走动都显得困难。有时候,瑞科公司产品质量合格率还会达不到洛克希德·马汀公司的供货要求。华莱士最初的解决方案(购买更多的文件架和文件柜)反而增加了混乱程度。他甚至成立一个25人的催货员小组,每天早晨见面,决定当天需要完成的工作任务。

企业的转变始于解决生产中存在的问题

华莱士说过,"在那时,来公司工作不是一件快乐的事情"。他意识到有必要进行改革,但不知道从何入手,且没有具体的计划。相反,他转而采取一些措施去解决眼前的问题,进而带来广泛的变革。华莱士转向第三方寻求帮助,寻找解决问题的办法,征询进行改革的可行性。洛克希德·马汀公司曾为他们提供过一些帮助——通过专题研讨会和服务热线——但其未提供制造领域中的指导计划。

1992 年初,华莱士及其管理团队参加自动化与机器人研究所(ARRI)和德州制造业援助中心(TMAC)联合主办的系列早餐研讨会,系列研讨会讲解了设定企业愿景、改变公司文化和解决人事问题,然后对流程和技术进行改进。最终,系列会寻求一个志愿者,由 TMAC 或其附属机构对其进行一次企业内部评估。

华莱士主动提出让瑞科公司接受评估。TMAC 附属机构的一名专家随后主持了这项评估工作。作为评估的一部分,这名专家帮助华莱士组织一个流程改造小组,该小组决定首先从公司的文书管理问题入手,解决订单的归档、检索问题。然而,改造小组发现文书问题实际上是更深层次的生产线问题的表面症状。

1993 年中期,华莱士参观了一家小型制作企业InterTurbine,该企业也经历过类似问题。InterTurbine 公司采用单元生产法解决了其生产问题,华莱士于是决定同样采用单元生产法来解决其面临的问题。单元生产法要求小型的生产单位,把各种设备和机器组合起来,让工人就近生产。单元生产的这些特点与瑞科公司以前的生产系统有明显的不同。华莱士觉得在钢铁挤压车间设立一个三个人的单元雏形,这个单元非常成功,在开始的第 2 周,其生产能力就比原来提高了 2 倍。

由于这次成功,加之瑞科公司的其他职员也开始要求实行单元生产,华莱士决定第二年在全公司范围内实行单元生产。瑞科公司的工人花了两个月重新调整生产设备的布局。这两个月的准备期使得瑞科公司的职工可以以最小的损失和最短的停工期快速建立起新的单元。工人们在一夜之间就拆掉旧的工作车间,一周之内就建立起新的单元。他们总共成立创建五个生产单元,一个装配小组,两个电镀小组,另外还形成计划、质检、人力培训、维护保养、后勤供应 5 个职能小组。

瑞科的此次变革在一开始还涉及对管理人员和生产工人

的培训,培养他们的团队合作和问题解决能力,使得每个单元为自己负责。要做到每个单元自主负责制,就意味着必须对他们作进一步培训,使他们能够自主操作不同类型的机器,掌握不同的生产过程。华莱士设定了一个目标,要求每个单元的每道工艺至少有两名熟练的操作者,并推进在职交叉训练,以达成他的目标。按照这种设计,这个团队将不需要工头,因为员工们可以为自己负责,如此一来,该公司就朝着扁平化结构发展了。

瑞科公司采用单元生产法的第一年,就取得了丰硕的成果。单元生产使该公司的单位产品耗费时间减少65%、材料转运时间减少35%,并节约了生产时间。首次合格率提高到77%。视频会议卡的生产周期由以前的120天缩短为3天,在不增加设备和人力的情况下,其生产能力提高了3倍。这些改进也减少了对仓储的需求,额外节省出5 000平方米的空间。

生产率的提高也使生产所需要的工人人数大为减少,因此该公司解雇了36名工人。一些不能适应变化的工人自愿选择辞职。余下的一线工人,根据工作表现、技术水平以及工作能力,自行决定人员的配置。

战略规划使企业成功转型

企业的生产能力提高了,但瑞科公司的管理层对于如何处理新增的生产能力,存在不同的看法。在过去,有关公司资源如何配置的问题完全是由创始人一人作出决定。但是华莱士的管理风格更具参与性,就像制造单元和自主工作组所表现出来的那样。公司的管理层对于公司向哪个方向发展、资源投到何处有不同看法。销售主管基于他和客户的讨论建议将投资的重点放在购买新设备上。而华莱士根据自己在实施单元生产时的经验,认为有必要将主要的开销花在员工培训和质量标准上。他指出,"由于我们无法达成一致,缺乏共同的关注点,所以众说纷纭。"

在日常生产不需太多精力后,华莱士将注意力转向制订企业战略规划。1996年春季,华莱士请求德州制造业服务中心的专家为他的公司开发战略规划。战略规划涉及确定发展目标、评估公司内部优势和劣势、设定战略目标、找出达成目标的障碍,制订克服困难的行动方案等。管理小组成员,包括人力资源、财务、生产制造、客户服务和质量控制等部门的代表每周会面一次,商讨以上问题。

制订战略计划过程的好处不仅仅在于规划内容本身,管理小组成员报告称他们之间的信息交流渠道畅通了,管理层成员就公司发展方向、资源配置方案达成共识。"我们目标一致",华莱士指出。客服经理认为制订战略规划的过程使"公司的所有决策都晒在阳光下"。

管理小组决定把公司以生产为导向的传统管理理念,转变为以客户需求为导向的管理理念。通过分析不同客户和产品的损益,识别出哪些客户需求对瑞科公司是最盈利的。为了获得更大的效益,瑞科公司的管理小组决定进行如下改革:快速转型;提高高科技生产水平(如引进五轴车床以提高加工复杂部件的水平);提供全套组件;提供室内制造、喷漆、电镀等全套服务。这些改革使得瑞科公司从其同类企业中脱颖而出。这个战略计划对瑞科公司其他方面的影响见表9.1。

表 9.1　战略规划实施之前和之后的瑞科

领域	战略规划前	战略规划后	成果
管理	• 关于公司资源的配置，缺乏民意调查	• 单一的方向：客户主导的生产方式	• 董事长能够将注意力放在长期问题上 • 提升了管理团队的沟通水平 • 参与社区活动，如赞助学徒项目
市场	• 在如何对 54～70 名客户进行优先排序上存在困难 • 报价不准确	• 聚焦于上述关键客户，努力成为他们的优先供应商 • 客户多样化动议	• 提高报价水平 • 成为部分零备件的唯一来源供应商 • 销售更多高端零件
制造	• 单元生产提高了生产效率和产能，同时节省出了很多空间	• 新订单改变了工厂布局和投资决策，如投资新建渗漏液检查车间 • 取得 D1-9000 资质标准 • 对电解液进行去污化处理 • 达到职业安全与卫生管理局免检标志	• 制造能力与公司策略和市场需求相匹配 • 环境、健康和安全评估达到了战略规划对社区所作出的承诺

信息系统	● 原材料物资需求计划与会计核算系统不匹配 ● 无法掌握每周的现金流向 ● 原材料采购滞后 ● 有时候购买了一些已经库存很多的货物	● 新的 MRP 系统与制造和会计系统相匹配 ● 提前完成原材料购买计划，供货及时 ● 消除了严重库存的现象 ● 每周对财务状况进行评估
人力资源	● 优先投资机器设备，较少关注人力资源投资 ● 单元生产强调扁平化的自主生产	● 投资于人力资源——如雇佣渗漏剂专家，培训焊工，充实新成立的渗漏车间 ● 通过聘请总经理的方式协调扁平式组织结构 ● 参与发展性的社区学徒计划 ● 人力资源为生产，市场营销及企业战略提供了所需的人才 ● 新雇佣的总经理使董事长从车间日常生产层次的事务性管理活动中解放出来 ● 董事长仅关注重大战略问题 ● 在战略规划中，践行对社区的承诺，实施学徒计划是有价值的

市场营销方面:开始偏重有价值的客户

军工企业的削减及与主要客户缺乏长期合作关系使瑞科公司相信,必须对客户不断变化的、无法预测的需求做出快速的反应。瑞科公司采用单元生产法之后,经营方针更为灵活,公司的会计师只要觉得订单数量足够大就可以向客户报价,结果许多客户蜂拥而至。处理这些多元化、多样化的关系,是困难而且耗时的。会计师没有更多时间准备报价和掌握客户需求。华莱士担当着大多数小客户经理的职责,努力同时让60~70人客户在客户管理和交货时间方面都满意,结果致使他没有时间考虑全局性的重大问题,不利于向大客户提供更好的服务。

战略规划显示,能够给瑞科公司带来利润的客户只有为数不多的几个。客服部门改变战略,将注意力主要集中在这一部分客户身上。客服主管现在就有精力计算出更加精准的报账,并对客户现在和未来的需求有更深的了解。例如,洛克希德·马汀就和瑞科会计主管透露过未来对于某种零部件的需求情况。结果,瑞科成了洛克希德·马汀公司许多零部件的唯一供应商,这些零部件给瑞科公司带来了大量的利润。1998 年底,瑞科公司从主要客户那里获得的月收入从 20 000 美元增至60 000 美元。成为客户优先选择的供应商降低了瑞科公司的销售业绩的不确定性。将注意力集中在主要客户上的做法也减轻了华莱士的负担,他不用再将注意力放在小型散户的账目管理上,有更多的时间来作战略性规划。

瑞科的战略规划小组还发现,公司有必要实施多元化战略,拓展航空领域的商业市场。瑞科规划小组认为,商业航空工业与当前的军工生产可以形成互补关系。因此,规划小组决定推动瑞科公司获得与航天企业开展业务所必需的资格认证,全力开拓新的细分市场。

生产领域:满足客户需求

瑞科公司传统的生产理念是投资购买那些能够大批量生

产零件的机器设备。引入单元生产法之后,该公司重新调整机器设备、人员,以提高生产效率、节约生产场地,但是,如何处理多余的生产能力和生产场地,公司领导并没有清楚的概念。

战略规划小组在处理新增生产能力方面起重要作用。巨大的新商机主导着公司的生产布局和投资决策。例如,瑞科公司了解到一个主要客户的电镀需求后,购进新型的电镀设备。另一个例子是,瑞科公司于 1998 年成立"渗漏测试单元",来对缝隙、渗漏和其他结构缺陷进行无损检验。一个客户经理了解到洛克希德·马汀公司需要这方面的服务,华莱士就决定利用公司闲置的空间,成立渗漏测试室。这两个例子,显示了瑞科公司基于市场需求重新安排其生产车间的能力。

为了达成战略规划的其他目标(如进入商业航空领域),瑞科的质量主管寻求波音公司 D1-9000 认证。华莱士自曝内幕说,在进行战略规划之前,"我对获得认证几乎没有信心"。瑞科公司达到了洛克希德·马汀及其他主要军工企业对质量的要求。瑞科公司虽然获得过不少质量管理奖项,如 1993 年的洛勒尔沃分包商年度奖,1994 年的小型商业公司卓越管理者奖章,但从来没有进行过标准认证。战略规划将获得质量认证定为主要目标,而没有波音公司的 D1-9000 认证是其走向客户多元化的主要障碍。瑞科的质量主管正带领着质量管理小组,与德州制造业服务中心的专家一起编制质量手册,进行人员培训,实施质量审核,朝着波音公司 D1-9000 认证努力。

争取波音公司 D1-9000 认证、根据客户需求组织生产,表明瑞科公司的战略规划与生产系统开始结合起来。虽然单元生产的实施解决企业的生产能力问题,但只有在瑞科公司完成认证后,它才能真正达到按客户要求进行生产的更高层次。

对人力资源的投入

在人力资源领域,战略规划要求解决用工制度的问题。尽管在实施单元生产之后,企业的人力资源状况有所改变,但是,战略规划小组发现企业的人力资源政策依然存在问题,机器设备方面的投资过多,而人力资源方面的投入不够,这已成为制约公司战略发展的瓶颈。瑞科公司的管理层决定根据具体业务配置各类资源。譬如,瑞科公司希望能对外提供渗漏检测服务,但缺少内部的专门人才。于是便雇佣一位该领域的专家,请他帮助设计渗漏检测单元,同时进行人员培训。为成立渗漏检测车间,公司不仅购置设备,还在人力资源方面进行投资。

此外,瑞科在 1998 年聘请了一名总经理来处理日常生产中遇到的问题。尽管这名总经理的加入与华莱士追求扁平化组织结构的初衷相冲突,但管理层一致认为瑞科公司需要一个总经理。新聘用的总经理,很快就把华莱士从事务性管理活动中解脱出来。

信息系统:提升客户服务质量

战略规划实施过程中,信息系统领域的问题也暴露出来。瑞科原有的生产资源计划系统(MRP)与该公司的其他系统并未整合,而且使用率也不高。采购部门经常在采购原材料时出错。例如,采购部门有时候在临近向客户交货的最后时刻,才去采购所需的原材料;而有时候采购部门又大量采购一些已经库存很多的材料。战略规划要求对信息系统进行整合。

1998 年,华莱士购置一个新的 MRP 系统,将生产和财务系统结合在一起。新系统大幅提高了瑞科公司的采购水平。采购主管现在能够做到及时甚至提前购买所需原材料,这就使得瑞科公司能更加及时地将产品送到客户手中。这进一步推动瑞科公司成为一个反应灵敏的企业,能够做到 100% 地及时完成客户需求。华莱士每周都用这个系统来评估公司的财政状况,而不需要像以前那样等到月底。

强化社区参与

积极地参与社区活动是战略规划的目标之一。按照管理小组的定义,社区参与包括环境、健康和安全认证以及参与社区活动。1998 年,瑞科参加了安全和健康成就认证项目,并获得了美国劳动者职业安全与健康局颁发的资格证书。除了OSHA检测项目所涉的公司,瑞科是第一家参与此类活动的公司。华莱士和其他15家小型制造商、贝尔直升机公司共同在福特沃斯市独立学校地区赞助了一项学徒项目。瑞科公司还雇佣了该项目前两批学员中的三人。

结果:在大部分供应商对劳动力市场实施紧缩政策时,瑞科的销售和工资反而都有所上升

瑞科公司的总销售额从1992年的350万美元上升到1997年的540万美元,提高了56%。同期人均产值提高了90%(图9.1)。人均附加值增加了175%,从1992年的16 317美元提高到1997年的44 930美元。

可能有人会说,洛克希德·马汀公司推动了瑞科公司销售业绩的上升。前者对其供应商的整合,给瑞科公司提供了巨大的商机,使瑞科公司能够生产更多的高利润的零部件和组装业务。然而,洛克希德·马汀公司供货商的管理模式,不能完全解释瑞科公司销售业绩的上升。没有其自身的变革,瑞科公司可能会在洛克希德·马汀公司新一轮的供货商整合中被刷掉。同样,如果瑞科公司没有进行战略规划和战略调整,它可能无法竞标到洛克希德·马汀公司新增的订单。很明显,瑞科公司在营销等其他领域的以客户为导向的新举措,促进了其销售业绩的上升。

瑞科公司销售额的持续增长,使其有能力继续增加人力资本投入。公司员工数量从67人上升到了85人,接近转型前的水平。尽管公司职员数量上升了,但工资总额所占销售利润的比例甚至有所下降,从1992年的58%下降到了1997年的40%。这就显示瑞科公司的生产率有所提升(见图9.2)。职工工资也实现了增长,部分原因是因为劳工短缺:福特沃斯阿灵顿地区在1998年10月的失业率下降到3.1%(此时全国平均失业率为4.4%)。

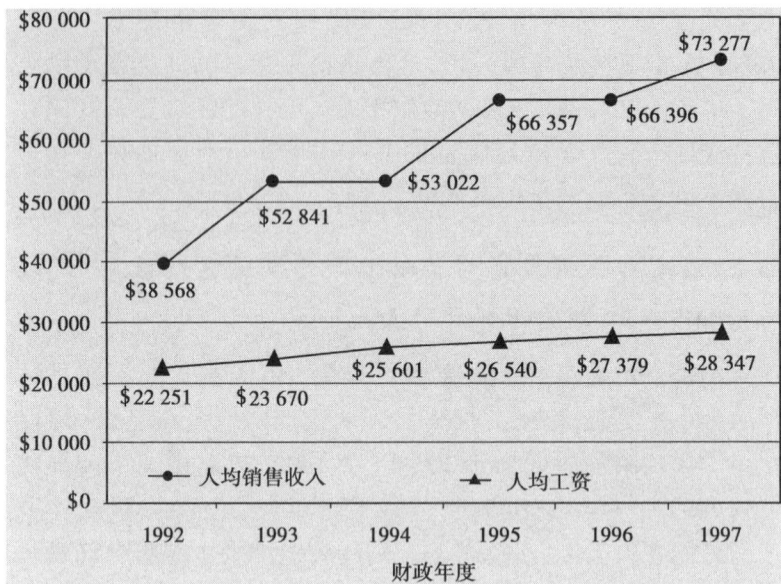

图 9.1　瑞科公司的人均销售额和工资(单位:美元)

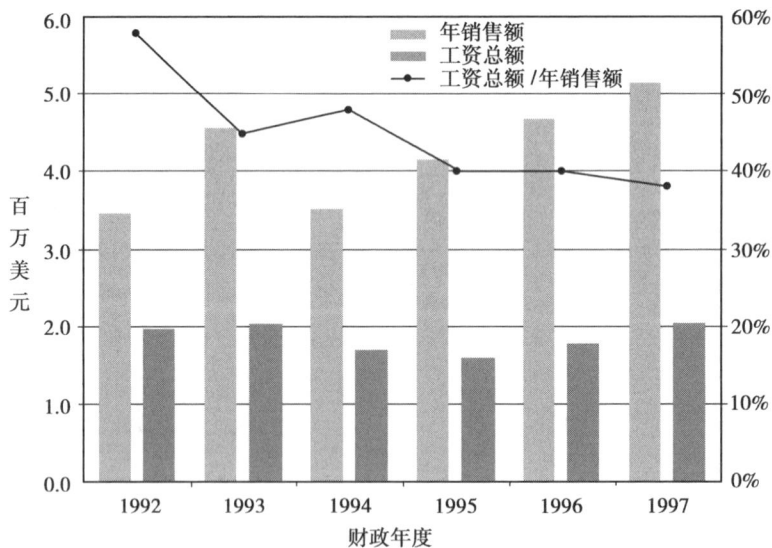

图 9.2　瑞科公司的经营业绩

结论:战略规划指引瑞科公司通过改革成为一家转型企业

案例研究表明,瑞科公司的许多系统都发生了巨大的变化,因此可以说,瑞科完成了转型。在进行改革之前,瑞科公司生产秩序稳定,且在洛克希德·马汀公司大规模裁减供应商的浪潮中得以生存。在实施单元生产之前或同期,瑞科公司就曾获得过质量荣誉奖——这些都发生在瑞科公司实施战略规划之前。

尽管获得过这些成就,但瑞科公司确实存在一些影响生产、供货关系的根本性问题。公司虽然实施了单元生产来解决这些问题,但并未出现根本改观。只有在完成并实施战略规划之后,瑞科公司才发生了多元化的、相互联系的巨大变革——例如,改善了公司的各个系统,使之能够适应市场的需求和业务战略。

转型总体上给瑞科公司带来巨大的经济效益。洛克希德·马汀公司对供应商的整合给瑞科公司创造了一个机会,但如果瑞科公司没有战略规划及其变革,就不可能抓住这次机会。通过将公司各个系统进行整合,瑞科从一个追求产能的厂商,变为以顾客需求为导向、精准的供货商。结果,改革对公司业绩的整体效果,远比单独进行各项改革的效果之和大(见材料框 12)。

材料框 12 典型案例的设计

之所以选取瑞科公司的案例来陈述,是因为这家公司已经成功地完成了转型。案例选择的标准即为典型案例设计的例子。

这种设计可以用于做单一案例或多案例研究。在多案例的情况中,使用典型案例设计就意味着案例研究的所有个案将成为引起兴趣的积极的强有力的例子。基本原理能够很好地反映研究逻辑,因为总体探索可望尝试判断是否同样的解释性事件能够产生同样的积极效果。

然而,使用典型案例设计,需要研究者在实施前就做出判断,即这个案例是否能够产生典型的效果。有时候可能还需要扩展性的案例描述,而在这个过程中,研究者需要避免案例描述本身成为另外一项新的研究。

(详见 Yin,2009,第 2 章,"什么是潜在的多案例设计"部分)

大事记

- 1991—1992：感受到军工企业紧缩的压力，威胁到与最大客户的业务。

- 1992 年前期，小华莱士接管这家公司，并担任董事长；公司拥有 94 名工人；华莱士和其他瑞科管理人员参加德州制造业指导中心发起的系列早餐研讨会。

- 1992 年下半年，小型企业竞争力发展中心（SBDC）的专家对瑞科公司进行了一次评估。

- 1993 年 2—3 月，SBDC 专家帮助瑞科公司成立流程改进小组；小组决定从解决文书工作入手。

- 1993 年 6—7 月，瑞科公司管理层参观 Interturbine 公司。

- 1993 年 8—9 月，在金属挤压领域试行制造单元；SBDC 的专家对 25 名管理者和车间工人进行培训；荣获洛勒沃特分包商年度奖。

- 1993 年 11 月—1994 年 2 月，在生产车间推广单元生产法，对生产班组结构进行改革。

- 1994 年 5 月，获得小型商业公司卓越管理者奖章。

- 1994 年年底，工人数量降为 67 人。

- 1995 年，公司产品耗费时间减少 65%，材料转运时间减少 35%，首次合格率提高 77%，视频会议卡的生产周期从 120 天缩短为 3 天，生产力提高了 3 倍。

- 1995 年 11 月，获得蓝筹企业创新奖。

- 1996 年春天到 1997 年，在德州制造业指导中心专家的帮助下，瑞科公司开始进行战略规划；确立了两个重点发展方案，形成了精确有效的报价系统；与贝尔直升机公司和其他 15 家公司合作，赞助社区学徒项目，并雇佣三名该项目的毕业生。

- 1998 年第一季度，参与安全和健康成就认证项目。

- 1998 年 4 月,瑞科公司通过了认证,成为美国职业安全健康管理局免检企业。
- 1998 年下半年,聘用渗漏检测专家,成立渗漏检测单元,开始寻求 D1-9000 认证;聘用新的总经理,购买新的原材料管理系统软件;瑞科公司当年共有 85 名职工。
- 1998 年 12 月,对焊接工进行渗漏检测技术培训。

幕后故事:大事记

本章结尾部分所列出的大事记能有效引导读者,以总结形式列举出关键事件,也使读者能够更好地找出其中的时间顺序。然而,创建大事记并不是一项直截了当的任务。

在本章案例研究的早期版本中,大事记对每一个事件的陈述过于冗长,包含很多细节性的内容,以至于很难从繁杂的信息中提炼出关键事件。相反地,若大事记中只呈现极简练的信息,可能的结果是很难理解案例本身。关于大事记中细节信息呈现到何种程度,是一个十分困难的问题,几乎没有任何相关的指导。研究者必须充分考虑细节信息过多或过少的优势和弊端,并进行权衡。也就是说,大事记的创建并不是一件容易的事情。

课堂讨论和书面作业

找到两个或更多公开发表案例研究的大事记。详细考察案例研究,了解其所包含的内容和主题。讨论现有的大事记对于构建案例概要了解是否有帮助,尤其需要考察大事记是否过于详细,陈述太多的细节性内容,或者提供的信息不足。讨论在决定大事记包括或不包括什么内容时,如何将不需要的选择最小化。

10

竞争性解释[①]

    案例研究的一项重要功能在于,能够直接检验其他解释或者竞争性解释(rival explanation)。为达成这一目的,案例研究必须收集证据支持某个案例中发生什么的相关解释,同时也需要收集证据解释什么事情可能会发生。研究者将这两种解释进行对比,就能得出更有说服力的结论。

    本章讲述使用竞争性解释的两个案例。第一个案例是关于某个军事基地的关闭对经济所产生的影响,这一案例有两项竞争性的解释,一个解释是基地的关闭对经济产生灾难性的影响,另一个解释是没有影响。第二个案例是为什么一家著名的财富50强公司倒闭了。第二个案例中的两项竞争性解释可能会有重叠部分,因为他们都是涉及范围更广且更复杂解释的一部分。这种重叠的竞争性解释在文章中经常出现。

    与前一章不同,本章并没有一开始即介绍案例,而是先作准备性讨论,即两种竞争性解释(假设的竞争性解释和实质的竞争性解释,craft rivals & substantive rivals)。在一般的方法论中,很少涉及实质的竞争性解释,因此对其进行讨论对理解下

[①] 本章改编自一篇已经发表过的文章(Yin, 2000),原文已调整和压缩。读者可能希望在原文中查找相关的背景内容,尤其是在进行案例研究评估的时候。罗伯特(Robert K. Yin)在原文基础上,根据本章需要对原有材料作了重新编写。——作者注

文是十分有帮助的。好的案例研究应该包括上述两种解释。你或许已经知道如何处理假设的竞争性解释；然而，如何搭建实质的竞争性解释的框架并不容易，要做好一份解释性案例研究，实质的竞争性解释十分必要，同时又有一定难度。

作者此前出版《案例研究：设计和方法》（Yin，2009a）的前言关键词中，引用了方法论学家唐纳德·坎贝尔（Donald Campbell）的一句话："我越来越倾向于相信这样一个结论，即科学方法的核心不是实验本身，而是措辞之中所暗含的策略——似是而非的竞争性假设。"

坎贝尔提到的科学方法指的是物理、化学和其他自然科学所使用的方法。然而，他真正的焦点是强调对立性思考的重要性和用处，无论这种研究是质性研究还是量化研究，提出并探索那些似是而非的竞争性假设在社会科学研究中是十分必要的。

坎贝尔指出，在量化研究中，一个好的实验能够排除所有的竞争性假设。尽管这些假设无法被一一确定，但它们作为控制变量被排除了。如此一来，研究设计所得出的主要结论就有很高的可信度。

案例研究无法使用上述设计，也不能排除所有竞争性解释。然而，坎贝尔的评论让我们看到了似是而非的竞争性解释在研究中的重要地位。他让我们明白，在任何既定的案例中，实际上存在的竞争性解释可能很少。因此，直接对它们进行逐一研究也是可行的。通过对最有可能的竞争性解释进行检验，并收集数据来决定是否可以拒绝这种竞争性假设，一个案例研究就具有相当高的可信度，尽管仍不能像实验研究那样严密。可以说，对单独的竞争性假设进行检验可以大大提升案例分析的说服力，值得研究者对此进行慎重考虑（见材料框 13）。

材 料 框 13　竞争性解释

竞争性解释在研究中占有重要地位,且能发挥不可替代的作用。然而,已有文献很少指出这一概念的重要性,更不用说对如何表达和探索此类竞争性解释提供指导。

最常见的竞争性解释是零假设。零假设指的是结果偶然发生了,而不是因为任何假定的干涉。然而,在案例研究中,更为重要的竞争性解释是那些实质上指向其他可能的情况,或者可能解释个案中真正发生的情况。当你从上述角度鉴定出了竞争性解释,你可以收集证据来检测这种解释,并通过模式匹配过程来对结果进行比较。可探索的竞争性解释越多,那么你的案例研究就越具有说服力,无论证据是否支持你的初始假设。

（详见 Yin,2009a,第五章"检验竞争性解释"部分）

不幸的是,目前很少有研究会提供在案例研究中如何找到竞争性假设的指导。许多的研究方法文献强调方法论或假设的竞争性解释。此类文献很少能帮助研究者如何处理实质的竞争性解释,而忽略此类解释会直接影响到结论的准确性,因此我们需要对可能的竞争性解释给予一定的关注。事实上,假设的和实质的竞争性解释的来源有所不同,其所受到的关注也不同。

在研究者的分析中,对竞争性假设或解释进行探索应该成为常规的部分,尤其是进行案例研究。理想的案例研究应包括假设的和实质的竞争性解释。因此,下文将探索上述两类解释,并将更多的注意力放在实质的竞争性解释上。

假设的竞争性解释

与实质的竞争性解释相比,假设的竞争性解释通常会被认

为是更基础的,因为在设计和过程方面存在问题的研究是不被
接受的。因此,学者们在文献中提到此类假设的频率更高,大
多数人对此有所了解,且在自己的研究中对此也更为敏感。

所有社会科学研究中经典的假设的竞争性解释是零假设,
统计学中的"可能性(chance)"充当了竞争性解释的假定效应。
理解和使用零假设是统计学著作中的一项基本原则,几乎所有
的方法论文本都对此有所涉及。

在零假设之后,另一项常见的假设的竞争性解释实际上是
一个竞争性解释组,当进行实验或准实验设计时,通常会列举
此类竞争性解释(如 Campbell & Stanley,1996;Cook &
Campbell,1979)。例如,传统意义上对准确性的威胁通常与研
究设计中的内部有效性相关,但这样的威胁也被叫做竞争性解
释(如 Reichardt & Mark,1998)。在上述威胁中,可能的原因在
于"历史"、"成熟"、"测试"、"工具"、"选择"等几乎所有方法
论文本中都涉及的因素,这些因素也是广为人知的。

假设的竞争性解释的第三种形式偶尔出现在内部有效性
威胁因素的清单中。这种竞争性解释,包括研究者通过图书馆
文献而得出的理论、价值和前概念所产生的"实验者效应
(experimenter effect)"(Rosenthal,1966)。在案例研究中,与其
他以田野调查为基础的研究一样,这种可能的偏见为:研究对
环境和参与者所产生的影响,通常被叫做"自反性
(reflexivity)"、"反应度(reactivity)"(Maxwell,1996,pp. 90-
91)。许多研究者对第三类假设的竞争性解释也十分了解。

实质的竞争性解释

与假设的竞争性解释不同,人们对实质的竞争性解释的了
解更少。针对此类解释的指导也很少,已有的方法论文献基本
没有涉及。随手拿起任何一本社会科学教科书,你会发现几乎
没有针对实质的竞争性解释的探讨,也没有任何值得关注的有

用的竞争性解释。然而,竞争性解释尽管不是发现研究设计和过程中的漏洞,但可以完善对研究结果的解释和说明,从而对研究结论产生重大影响。例如,在案例研究评估中,最重要的竞争性解释可以处理这样的问题,即测量出来的结果可能在文本中能被很好地陈述出来,但针对案例的解释并不能产生上述结论。通常情况下,其他情形(如竞争性解释)却可以导向观察到的结果。

尽管有关对竞争性解释的方法论还没有出现,但案例研究中基本可以鉴别出有六种类型的竞争性解释,大多数逻辑上可能的实质的竞争性解释可以分为两大类:

1. 竞争性解释直接与其他解释相冲突。
2. 竞争性解释有所不同,但有重叠关系。

直接的竞争性解释

当不同的解释形成直接的竞争关系时,也即相互冲突时,如果接受了其中一个竞争性解释,那么就可以拒绝其他解释。例如,霍克(Hook,1990)的案例研究中,考察美国政府是否在电脑产业早期发展过程中提供了帮助和补贴。日本电脑产业能够在全世界市场有很强的竞争力,它们有着很不公平的优势,即日本政府向该产业提供了补贴。与此相反,美国电脑产业没有政府补贴,必须通过自己的方式使自身具有更强的竞争力。

霍克将电脑行业作为一个"案例"进行研究,发现美国私人产业导致一个重大突破的出现——即1959年集成电路的发明。然而,尽管美国政府没有直接对其发展提供财政支援或干预,但当这个行业显露出其发展前景时,美国国防部"积极对完善产品提供财政支持,这不仅保证了集成电路市场的价格,而且提升了其质量"(Hook,1990,p.358)。因此,霍克的主要结论支持了竞争性解释,即美国政府实际上以一种相似于日本政府的方式对电脑产业提供了帮助。

如果表述恰当的话,直接竞争的假设是理想的竞争性解释的缩影:它们必须互斥。这种方式有助于提升案例研究发现的可信度,如果研究能够接受或者拒绝几个可能的竞争性假设,那么即使没有进行实验设计,案例研究的结论也能具有较高的可信度。

不幸的是,大多数案例研究不按照上述直接竞争的思路鉴别出竞争性解释。相反,常见情况是竞争性解释可能是重叠的,而不是互斥的。

重叠的竞争性解释

例如,教育研究发现,农村地区的家长可能仅仅是被动支持孩子的家庭作业需求。针对这一现象的解释之一是,农村地区的家长忙于自己的家务或者其他工作,没有时间为正在做家庭作业的孩子提供指导或安慰。另外的一个竞争性解释为:家长担心如果他们的孩子接受了优质的教育,将来可能会离开农村社区去其他地方过另外一种生活。长期以来,这种人口外流会威胁到农村社区,至少会影响这里的生活质量。

尽管上述两种解释可能在某种程度上能够代表竞争性解释,但最终满意的解释可能对上述两种解释都有涉及。从这一意义上讲,这两种解释并不是互斥的。在目前的研究中,无论运用案例研究还是其他方法,竞争性解释有所重叠,而不严格互斥是一种很常见的趋势。

为了显示上述两种解释如何在研究中发挥作用,下文的两个案例展示了两种不同的情形:竞争性解释互斥;竞争性解释有所不同,但并不是完全互斥。

案例研究中互相冲突的竞争性解释案例[①]

军事基地的关闭是否产生巨大的影响

分散在美国各地的军事基地不但发挥了重要的军事作用,

---

① 本章有关军事基地的所有信息来自泰德(Bradshaw,1999)的研究。

而且对当地经济做出了重大贡献。在一些小辖区,军事基地通过雇佣当地人员以及消费当地资源的方式,在相应辖区的经济发展过程中扮演重要角色。

军事基地的关闭通常与国家军事基地的重组和合并相关,且对当地经济带来直接影响。加利福尼亚州乡村地区的一个空军基地的关闭即为此类案例之一,泰德(Bradshaw,1999)进行了一项案例研究,其研究对象即为该军事基地的关闭。

假设1. 最初的假设是这一军事基地的关闭产生了巨大的影响,原因如下:

该军事基地设备良好,为 B-52 轰炸机和 K-135 坦克的战略空军指挥设施。服役于此的人口数量超过 6 000 人(包括 5 000 名士兵和 1 000 名普通市民),该基地为当地最大的雇主,几乎雇佣了当地 10% 的劳动力。与此同时,与这一基地相关的还有 11 000 名配偶等依附于军队的人,占当地总人口的 6%。此外,当地主要的经济收入为农业和其他相关产业,并没有其他大雇主或联邦设施来吸收基地的 1 000 名工作人员。

如同其他基地一样,军事基地的关闭也引发议会和公众的反对,最初提出关闭意见的是基地调整委员会。结果,该基地的运行和大部分人事都在关闭的前一年转移到位于俄克拉荷马州和路易斯安娜州的军事基地。

与此同时,一份正式的军事报告预测军事基地的关闭对经济所造成的影响将很快到来。报告指出,当地将有 3 700 位市民失业,人口减少 18 000 人,零售业减少 105 000 000 美元。当地的失业率将从本来就很高的 14.4% 上升到 21.7%。所有这些潜在的工作、人口、销售和失业水平的变化,可以看做是对当地经济的一个巨大影响。

假设2. 为了支持另外一个相反的假设,泰德的文章在一开始就指出其他针对早年已经关闭的军事基地进行调查得出的结论。

其中一个研究考察了与上述军事基地所在州相同的另外三个军事基地的关闭,对当地经济所产生的影响。这份研究与其他研究一样,都表明军事基地的关闭并没有产生巨大影响,

---

材料框 14 档案来源的数据

    有关某军事基地关闭的案例研究显示,档案来源的数据具有十分重要的价值。尽管案例研究证据来自于作者自己的田野调查以及对基地周边人员的访谈,但大部分还是来自于不同机构所保存的经济记录(这些数据十分详细,在案例研究中经常被引用)。

    运用档案数据的一个明显好处是,使得案例研究能大大拓展研究的时间范围。随着军事基地的关闭,我们通过时间跨度达五年的报告就能很清楚看到某些年份的变化趋势。这样的时间跨度可能远远超过案例研究的时间;因此,借助档案资料,研究者就能大大扩展研究所涉时期,并为案例研究所得出的结论提供一个更为坚实的基础。

        (详见 Yin,2009a,第 4 章,"档案记录"部分)

即便是在短期内也是如此。尽管经济上出现了一些倒退,但影响并不像此前预测得那样严重。此外,从长远来看,废弃的军事基地同样为经济复兴提供了机会。

    泰德的案例研究,随后对上述两个竞争性假设进行研究。他收集并呈现许多军事基地关闭前、关闭时以及关闭后一年的经济数据。包括经济领域的许多方面:零售业、当地设备需求、医院和健康服务、就业和失业、房屋和人口变化(见材料框 14)。在每一部分,案例研究都发现,较强的消极影响得到有效的规避,并据此得出军事基地的关闭并没有产生巨大影响的结论。

    从本章的角度来看,作为解释性案例研究的呈现,作者解释为何巨大的影响没有出现是一件更为重要的事情。这些解释不仅仅基于经济数据,同时也包括泰德对当地重要的官员、社区和商业代表以及军队人员的访谈。也就是说,为了本章的目标,上述经济的三个方面在下文中有详细的讨论,包括零售业、当地设备供应商以及就业率(原始的案例研究呈现了所有三个方面的数据)。

针对三个经济领域变化的解释

零售业。人们一开始担心军事基地的迁移会对当地零售业带来巨大冲击,导致零售销售额的减少以及税收的下降。但事实证明并非如此,因为军事基地此前的采购主要依赖于基地的委托人,而不是当地的零售商。除了极少一部分位于基地附近的零售商,基地的购买能力基本不对本地的经济产生直接影响。此外,军事基地搬迁之后,相当数量的退休士兵仍然留在当地。这些退休人员必须改变原先的购买方式,从基地的委托人手中转向当地的零售商,因此,我们甚至可以认为,这一案例中,军事基地的关闭甚至能对当地零售业产生较小的积极影响。

当地设备提供商。军事基地还没有搬走之前进行过许多大规模的建设,基地向当地设备提供商购买许多设备和设备服务。在军事基地搬走时,这种购买活动停止了。但这并不意味着军事基地的影响就此彻底结束;相反,基地在搬迁之后还开展许多新的项目,如清理有毒废弃物等。尽管最初的供应商可能参与到新项目之中,但从总体的经济效应来看,在设备供应商方面,军事基地的关闭所带来的消极影响几乎可以和积极影响互相抵消,达到平衡。

就业和失业率。1992 年到 1997 年间的就业情况见图 10.1。由于就业和失业状况有很强的季节性,因此有必要就每个月的情况进行年度间的对比。例如,对失业的信息进行对比发现,从 1994 年(基地关闭之前一年)到 1995 年的失业率水平只有很少的上升。但事实上,通过 1996 年和 1997 年的相应数据对比发现,基地关闭之后的失业率变化情况和后者很相似。对就业和失业率的年度(1993—1996 年和 1994—1997 年的变化)对比数据进行分析,结果也一样。

在解释当地就业和失业率变化的时候,一个可能的问题是当地所在的州和地区的经济在逐步上升,这种上升会对就业水平的变化产生影响。因此,我们可以得出结论,如果军事基地没

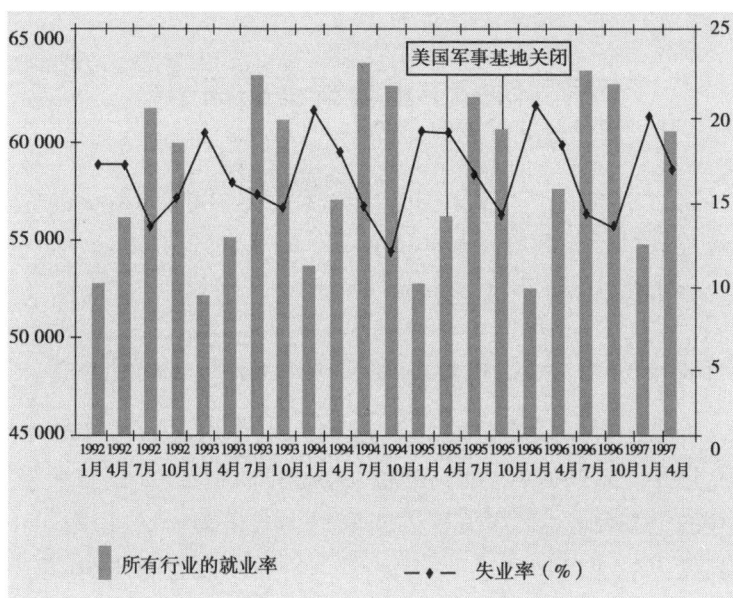

图 10.1　1992—1997 年的就业和失业率情况

有关闭的话,当地的就业状况会更好而不是更糟糕。泰德通过考察其他地区的数据对上述可能进行比较探索。尽管军事基地的存在对于就业状况有好处,但它的关闭并没有产生大的影响,更不能称之为"巨大影响"。

结　　论

　　泰德的结论是,尽管在这个案例中,军事基地的关闭并没有对当地经济产生巨大影响,但这种影响可能发生在别的案例中。例如,如果军事基地开展大量的建设以及研发项目,并雇佣大量的本地工人,那么基地关闭所带来的影响将会与本案例有所不同。但这种情况并没有在本案例中发生,本章的案例解释为什么假设 1 所设想的重大影响没有产生。

案例研究中重叠解释的例子①

第二个例子代表了更为常用的竞争性解释,即重叠的竞争性解释。尽管在研究过程中会产生一些有用的解释和观点,但这些竞争性解释并不是互斥的。

为什么一家财富50强的公司在仅仅40年后就破产了

著名的数字设备公司 DEC 曾经在上个世纪后半叶的电脑产品销售上取得过巨大的成就。其规模非常之大,公司成为第二号的电脑制造商,在销售方面取得 140 亿美元的业绩。DEC 以其傲人的业绩和超过 10 万名员工的规模成为财富 50 强,并跻身美国前 50 家公司之列。

然而,在创造如此成功的纪录之后的几年中,这家公司在下坡路上越走越远,1998 年,DEC 最终被卖给另外一个电脑公司。DEC 为何会遭遇这样的命运成为案例研究的主题,埃德加·沙因在他的书中完整地陈述了这样一个案例(Schein,2003)。

这本书至少在一个方面尤具独特性。沙因在主要的文本中给出他自己关于这家公司为何会最终走向灭亡的解释。然而,该书的结尾同样包括两个独立的写作单元,分别留给另外两个人来书写,其中之一是 DEC 曾经的一位高管,这就为另外一个解释的出现提供了机会。下文呈现沙因有关这一事件的解释,当然是高度缩写的版本,此外还有与他不同的解释观点。

---

① DEC 的案例中,两个附加的单元原本是各自分开的,但说明的是同一个问题。因此,为了本章陈述的方便,将原来的两个附加单元放在一起引用,但实际上原有的两个附加单元的作者并没有引用彼此的解释。

依附一种共同的文化

按照沙因的说法，DEC成功地形成自己的文化，并完全使其内化为独特的公司文化。从短期来看，这种现象是公司成功的根本所在。但从长期来看，这种文化危及公司的生存。

这种文化有三重价值：个人价值、技术价值和家庭价值。个人价值主要体现在鼓励每个员工发扬创新精神和企业家精神。作为提供这种自由创造的结果，DEC确实吸引了一些卓越的人才，包括工程师和技术人员，因为在这家公司，他们能够在公司使命的范围之内追求自己的创造性想法。

技术价值体现在DEC的产品质量上。1970年代和1980年代电脑市场的主流，包括大型计算机、小型计算机（通常满足大中型组织的需要）以及个人电脑（满足个人使用者的需求）。在这些年间，DEC几乎占领小型计算机领域和小型计算机的渠道，且成为第一家获得美国联邦政府授权网络域名的公司。从商业的角度看，这家公司能够开发"一系列成功的畅销产品"（Schein，2003，p. 25）。

家庭价值，除了创造支持性的人力资源政策和实践，还在公司的不解雇政策中发现了其核心要素，这种核心价值只在公司开始走下坡路的时候才有所改变。

整个公司热情洋溢地接受了上述价值观，并且在DEC公司文件、针对新人的培训和引导，以及日常运行中，这些价值观都是最主要的部分。从员工到管理层，他们都发自内心地喜欢这个系统，并且希望不惜一切代价来维护它。

同样重要的是，这种价值观被高度内化了。从这一角度看，沙因将这种公司文化描绘成"组织中日积月累的学习使公司文化在员工心中成为理所应当的，甚至让人意识不到"（Schein，2003，p. 20）。他认为这种文化的驱动力在于他们心照不宣的设想，也称为缄默的设想。

沙因将 DEC 的这种缄默的设想和生物学中的基因和 DNA 做了类比:"强大的内化的公司文化就像基因一样,决定一个组织注定要成为什么样子,它能做什么,不能成为什么,以及其免疫系统能够拒绝什么入侵。"(Schein,2003,p.22)沙因进一步解释到,在 DEC 的个案中,员工毫无保留地忠实于公司的文化,这种烙印十分深刻,以至于他们即使在离开这家公司之后,仍然继续保持 DEC 的价值观。

毫无意外,DEC 公司文化的形成,代表了该公司创立者的价值观。他不仅创立这样一家公司,而且几乎在此后 DEC 的全部发展过程中都担任 CEO 一职。沙因讨论了创立者在公司任期过长,他固定的思维模式最终会使他失去全局的视角,依附于过时的政策,在日益变化的市场面前错失机会,无法采取有效的措施。然而,沙因拒绝承认固定的思维模式导致 DEC 的最终衰退。

相反,沙因认为正是 DEC 的协作文化,而不是创立者的其他行政缺陷造成 DEC 的问题。尽管这家公司曾在商业上取得成功,商业基因的缺失意味着 DEC 没有使其市场和财务运行有足够的内部声望。如果这家公司有着足够强烈的商业基因的话,那么在早期可能就会裁员,并对其他不需要的东西进行"修剪",并在选择技术项目的时候,有更加明确的优先顺序。商业决定也有可能会包括终止一些过时产品的生产,为新的发展腾出更多的资源。总而言之,沙因在解释 DEC 衰落时,更多地将重点放在其协作文化可能存在的功能障碍上。

缺乏战略计划和思考

沙因著作中有两个附加单元,这两个单元的作者提供了不同的解释,并承认他们的解释并不和沙因的解释构成互斥的竞争性解释,而是可以共同存在的。如此一来,第二个解释宣称 DEC 的衰落不仅仅来自文化上的失败,而且还来自战略性的失败。

战略性失败反映在 DEC 公司没有战略性规划和战略性思考，而这恰恰对公司设立清晰目标和明确的优先发展重点是十分重要的。这样的活动通常会促使公司领导回答这样的问题，如："我们正在从事的是什么商业"，"为了取得竞争的胜利，应该将自己置于何处？"（Schein，2003，p. 285）。例如，在产品开发的时代，依据市场需求选择是否成为一名产品领导者与其他选择有所不同，如不选择成为第一时间生产出某种产品的领跑者，而是选择将产品的质量做到100%达标。这两种选择不可能同时都做得到，因此公司必须选择其中之一，并且将资源集中到这个方向上（Schein，2003，p. 285）。

第二种解释指出，在战略规划缺失的前提下，DEC 从来不会回答此类战略性问题。这种缺失意味着，当电脑市场从原先的"大型计算机—小型计算机—个人电脑"格局转变为一个高度多样化的格局时，DEC 并不能及时调整其核心地位，或者说它的"品牌"。在新兴的高度多样化的电脑市场，DEC 再也无法在任何一个领域控制市场（Schein，2003，p. 288）。

由于第二种解释的部分内容是由原先在 DEC 工作过的高管所提供的，因此附加单元的材料引用了这名高层管理者和 DEC 创立者之间往来的与这一重要战略规划相关的重要邮件。邮件资料显示，创立者的回复并没有回答前面所提的问题。

DEC 在战略上的踯躅反映在一些值得注意的情形中。例如，电脑市场中第一次出现个人电脑时，DEC 并没有引进一台，相反，它引进另外三种不同的设备（Schein，2003，p. 187）。这家公司成了"传统的垂直管理的运行良好的公司"（即运行或拥有自己供应链），尽管垂直的管理方式可能更恰当（Schein，2003，p. 296）。结果，与另外那些实行水平管理的适当管理模式的竞争对手相比，DEC 每名员工的收入仅仅是后者的一半（Schein，2003，p. 298）。

尽管 DEC 在随后进行多次重组，但由于获得应用软件的部分被取消,这家公司无法了解客户的主要倾向。这次调整给公司带来很大打击,因为客户通常只是构想他们需要购买自己问题的解决方案,而不必要去购买电脑硬件(Schein,2003,p. 297)。这些解决方案被嵌入在电脑的应用程序中(这种做法有助于引导消费者购买电脑硬件),但随着公司结构的重组,这些应用程序变得要么很少被看到要么从人们的视线中消失了(Schein,2003,p. 297)。

最后,在公司成长期的最后几年,DEC 犯了一个巨大的错误。它在两年的时间内雇佣大约 27 000 名新员工,希望与 IBM 齐头并进(Schein,2003,p. 290)。但不幸的是,市场需求并没有随着 DEC 的愿望而有所上升,这些新员工的成本将公司拖垮了。而在 DEC 的公司文化中,解雇员工却又是不被允许的。

总体来说,第二个解释是对沙因解释的补充,由于其提出者曾经是 DEC 的高管,这种解释对于纠正这家公司的不足更具可操作性。尽管一种内化的文化不太容易被改变,但实施战略计划对于商家来说却是很普遍的,且能够引导公司做出更加明智的商业决策。从这种意义上讲,上述两种解释所暗含的意义是不一样的。前者认为公司的文化导致了其衰落,后者则认为是战略性计划的缺失所致。

结　论

通过对两种解释进行比较发现,二者的结合可以使我们对案例研究有更加深入的了解。每一种解释都有自己的逻辑,且通过引用有利于自己结论的相关事件能够提供不同的数据。尽管二者所引用的事件是不一样的,但它们并不矛盾(见材料框 15)。如此一来,我们通过引入别的解释能使案例研究具有更强的说服力,即便这些解释是竞争性的。

材料框15　不同解释的建构

　　DEC 案例研究中所呈现的竞争性解释表明,案例研究的分析可以引致一个解释建构的过程。对上述两种不同的竞争性解释进行分析(有缺陷的公司文化与战略性计划及思考的缺失)发现,研究者可以通过引用公司历史中的不同情形,而将两个可能引起争论的解释交织到一起。要使这个过程具有相当的可信度,研究者需要提供经充分讨论的时间和情形,而不是随意选择的恰好支持相关解释的事件。

　　在做一项案例调查的时候,无论是讨论方法论还是追求一个解释建构的过程,研究者都需要充分地扩展研究的时间范围。没有任何一个过程会是毫无漏洞的(做案例研究或其他任何社会科学研究也是如此),因此,邀请别的参与者或同行,对你的研究进行审阅是十分有益的。从这个角度来看,DEC 案例研究的原书中呈现附加章节的做法是十分有必要的,附加章节展示了另外两名作者如何建构自己的解释,代表了重要的方面。

　　　　　　　　(详见 Yin,2009a,第 5 章,"解释建构"部分)

第 IV 部分

跨案例分析

在本书的第 II、III 部分，使用的都是单案例研究（single-case study）的例子。一般来说，尽管案例研究方法一直都比较关注于单一个案，但另一种可能更可靠也更理想的便是多案例研究。所谓多案例研究（multiple-case study），也就是一项包含两个或两个以上个案的实证调查或研究。

显然，根据其定义便可看出，多案例研究比单案例研究能提供一系列更为广泛的信息。这些信息的作用取决于多案例选样的方式，既可使你从多个方面关注同一个问题，也可使你同时了解更多其他的相关问题。正因为如此，这种案例研究更具说服力。然而，实施多案例研究也需耗费更多的精力，并可能需要一个研究团队来参与，而非仅仅由单个研究者就能实施。因而，多案例研究通常需要有外部资金的支持也就不足为怪了。不过，尽管多案例研究成本更高，但是研究的赞助者们却认为由这种方式得出的研究结果可能更可靠，因为这些结果不仅仅只是来源于一个单一的个案。

在本书第 IV 部分这两个章节里，都将涉及如何在多案例研究里进行跨案例分析（cross-case synthesis）这一步，介绍多案例研究是如何获得研究发现和形成研究结论的。在这两章里，那些在原始研究中进行过的案例研究将不再一一赘述，不过这些单个的案例研究将贯穿全书。但第 12 章中的一个个案除外，这个个案之前在第 9 章中曾以完整的单独个案形式出现过。

　　本书第 11 章是有关大学科研申请处理过程的案例研究，研究以 17 所大学为实例。为减轻研究人员的负担，并可作为其他研究的参考，研究人员对 12 所案例大学进行资料收集的方式各不一样。相同的是，共同收集了所有 17 所大学的文件与档案材料。但不同的是，研究人员对其中的 7 所大学采取的是全面的实地调查方式，而对于其余 10 所大学则以电话访谈的形式替代实地调查。第 12 章是有关小型制造企业转型的案例研究，研究以 14 家企业为实例。在该研究中，同样收集了各企业的文件与档案材料，以及由实地调查所得的资料。

　　在第 11、12 章中，其分别采用的跨案例分析方法各有不同。第 11 章的跨案例综合分析采用了质性资料与量化资料互补的方式，其中，质性资料被用来解释量化资料所呈现出的模式。而与此相反，第 12 章中的跨案例综合分析则全部是基于质性分析，并以模式匹配程序（pattern-matching procedure，即对 14 家企业中每家企业所预期的转型模式与观察到的实际转型模式进行比较）作为主要分析形式。

11

公私立大学的科研申请程序[①]

　　在原始研究中,研究人员对 17 所大学进行一系列单案例研究,研究主要关注各所大学是如何处理科研申请的,以及该过程的花费问题等(见材料框 16)。之后,每所大学的个案研究结果都被编入一系列正式的数据库中,并以最终报告的附件形式呈交相关人员。而这里的跨案例综合分析,则是将这些数据库作为信息来源。

材料框 16　**多案例研究的重要性**

　　本书中涉及的许多实例,无论其是以单案例研究还是以多案例研究形式出现的,最初都是某个多案例研究的一部分。如果可进行选择,并在具备研究所需资源的情况下,多案例研究设计比单案例研究设计可能还要更受青睐。因为即使你只做一个仅有两个案例的研究,你能得到可靠结果的几率都要比使用单案例研究的几率高。比如,从两个案例或实验中分别得出的分析结论,都将比从单一案例或实验中得出的结论更为可信。同时,使用多案例研究,还可以避免单案例研究设计通常所受到的批判,即:单案例研究设计有时反映的是个案的一些非普遍性的、人为性的情况,而不是某些充分可信的方面,比如说,为接触到一些关键的受访者或特殊信息而所采用的特殊途径,往往会不知不觉地造成结论与事实间的背离。

(详见 Yin,2009a 第 2 章"单案例设计还是多案例设计?"部分)

[①]　本章选摘自《国家科学基金会 FastLane 系统基线数据收集:跨案例研究报告》(COSMOS 公司,1996 年 11 月)中的一个更加全面的跨案例分析。罗伯特·K. 般是该报告的主要作者。为了方便阅读,本书对摘选的内容进行了细微修改。——作者注

该研究有意识地涵盖多种类型的大学,既有研究型大学也有非研究型大学,大学的规模有大有小,且分布于全国各地。研究者要么通过现场采访获得数据,要么通过与查阅文档相结合的电话采访收集数据。由于科研项目的申请涉及高校中若干不同的学术研究部门和行政管理部门,因而需从多种渠道收集数据。大多数情况下,研究者在每一所大学中都接触、访谈过至少 15 个人。

除上述两种方式外,研究团队还通过档案资料中获取量化数据以估计申请的成本高低。本章中的跨案例综合分析在阐释如何综合使用质性和量化资料的同时,还得到一个意外的结论,即那些申请数量越多的大学,其每项申请的平均花费也更高,这一结论与人们一般基于规模经济的逻辑所进行的推测完全相反。本章对这些量化资料进行统计分析,显示即便案例数量较少时,也有可能进行此类分析。

研究所收集的质性资料主要侧重描述各校实际的科研申请过程。有趣的是,在解释有关每项科研申请的平均花费的意外结论时,这些质性资料便成为揭示原因的依据。

案例研究介绍

本跨案例综合分析的资料来源于 17 所大学,资料主要是有关各大学科研申请的过程,本研究得到了美国国家科学基金会(NSF)的支持。国家自然基金会开发了用于提交、查询和批准科研申请的电子系统——"快速通道","快速通道"将为研究人员提交他们的研究计划、计划评审结果及拨款报告提供渠道。

在案例研究过程中,研究小组对 17 所大学的 7 所进行了实地调查。在实地调查期间,小组成员对大学多位教职人员、行政领导进行访谈,同时也查阅相关文件和档案资料。对其余的 10 所大学,则对上述这类人员进行电话访谈。在信息收集的过程中,17 所大学都相当配合,相关的文件和档案资料均对研究小组开放。

　　研究者收集每个高校典型的科研申请程序方面的资料,并分析其中 3 个国家自然基金会(NSF)的申请及 1 个国家健康研究所(NIH)的申请。由每所大学的科研主管选定具体的 NSF 和 NIH 申请,申请的分布尽可能照顾到不同学科和院系。所有的申请反映的都是传统主流研究者的意志,而不是大的机构之间的竞争。

　　在每所高校内,访谈和档案资料都是在四个层面上进行的:科研管理处、学院、系和主要研究者。完成数据收集后,研究小组为每所大学建立独立的数据库。每个数据库都包含以下五个方面的量化和质性资料:

1. 各所大学申请的一般过程,尤其是这四个层面在申请过程中各自的职能。
2. 申请递交层次,工作量、各大学为方便申请过程所提供的电子技术(硬件和软件)。
3. 某高校一项典型的科研申请的申请程序和提交程序。
4. 大学相关人员及 NSF 评委对申请程序的看法与体验。
5. 与监控评审和批准相关的具体行政职能(比如:申请经费、汇报申请过程等)。

　　在每一项具体的案例研究中,主要关注以下三方面信息:处理一项申请所需的时间、该过程中所需的花费以及申请提交后的后续活动。研究之所以重点关注这三个方面,是因为"快速通道"的开发人员希望系统建立后,对于这些申请处理的过程能够起到改进作用(起码不是反作用)。

　　在本章的后续部分,将对各校申请处理过程所需的时间、花费等资料进行分析。为了遵循匿名及保密性原则,在针对这两部分所作的数据板及流程图里,研究人员使用了双重编码方案(dual coding schemes)①。

---

① 　双重编码方案即意味着,某所大学在某个表格或图形中被指定为"大学 A",并不一定与另一表格或图形中"大学 A"指的是同一所大学。

处理与提交申请所需的时间

研究方法

为了了解实际的科研申请准备与提交的典型过程,研究小组特别针对以下问题从各高校收集相关资料:(1)申请准备与提交过程中的主要任务;(2)任务的类型(有关技术的、行政的还是财政的);(3)执行任务的层级(科研管理处、学院、系或主要研究者);(4)每项任务所需的投入(时间投入及人员工作投入)。收集信息采用访谈与档案资料等方式,并聚焦于各高校前一学年申请准备与提交的整个过程。而研究小组还有意地选取 NSF 的三个科研申请与 NIH 的一个科研申请,具体说明各高校内部不同院系科研申请的典型过程。之后,研究小组分别为高校建立独立的数据库,而收集的这些信息也成为数据库的一个部分。通过这些信息,研究小组分别为各高校绘制一个流程图,以描绘各高校科研申请的过程(见材料框 17)。

跨案例研究发现

这 17 所大学处理申请的过程,大致可以归为四种不同模式:

I 组:科研管理处积极参与申请的早期过程(不仅仅包括提醒研究者有关提交申请的机会),并参与申请的全过程,最后提交申请报告。

II 组:科研管理处积极参与申请的早期过程,但是由主要研究者呈交最终申请报告。

III组:四个层面(科研管理处通过主要研究者)都参与申请的早期过程,且由主要研究者呈交最终申请报告。

IV组:各系(而非科研管理处)参与申请的早期过程,且由主要研究者呈交最终申请报告。

材料框17 过程与结果评估

本章所介绍的提出研究计划即可看作一个"过程",也就是说能产生一系列预期"结果":获得奖励并最终实现高质量的研究目标。但是,计划产生的过程本身也需要经历一系列复杂的活动,而这一过程本身也值得研究。对"过程"进行的研究,便被称为"过程评估(process evaluation)"。

过程往往需要持续一段时间。而传统的案例研究也正注重于对事件历史进行溯源。因此,案例研究方法最初也被认作是过程评估的一个重要方法,但是人们认为它并不一定对于研究结果或"过程—结果"关系有用。在传统意义上,严格的结果评估一般要求有量化资料,但量化资料一般并不是案例研究的组成部分。

而本书中对于这些概念的界定则不同于传统。本书认为,案例研究评估既包括对过程的评估,也包括对结果的评估,既可包含量化资料,也可包含质性资料。但是,本章中所例举的案例研究还是侧重于对过程的评估。不过,本书其他章节中所讲的案例评估既包括过程评估也包括结果评估,同时也对"过程—结果"的关系进行评估。

（详见Yin,2009a,第五章"时间序列分析"和"逻辑模型"部分）

各组形成等级序列,且在Ⅰ组和Ⅱ组中,科研管理处的参与程度要更高(因而也更为集权化),而在Ⅲ组和Ⅳ组中,各系层面的参与程度更高(因而也更为分权化)。

图11.1展示的是两所完全不同类型的院校提交科研申请的流程图,其中一所院校来自Ⅱ组类(大学E),而另一所院校来自Ⅳ组类(大学G)。在这两幅流程图中,横轴表示申请所耗费的时间(注意两所大学的时间尺度不同),而竖轴表示实施该过程的四个组织层面(从主要研究者到科研管理处)。由于在大学E中,各组织层面间的交互更多,因而其申请的过程也要比大学G更为复杂,其所耗费的时间也更多。

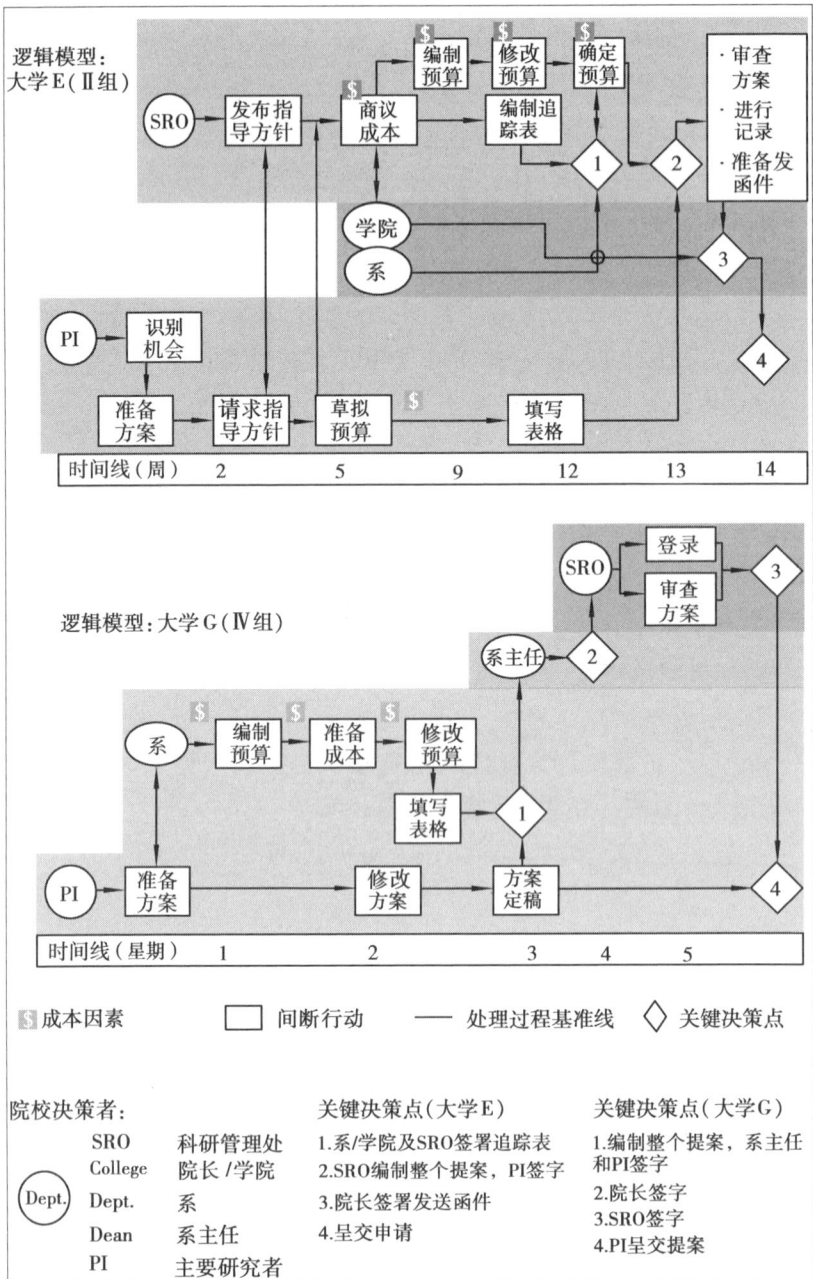

图 11.1 大学 E 与大学 G 提案处理流程图

在本研究中,处理一项申请所需的时间并不包含主要研究者制定申请草案所需的时间(比如说,在图 11.1 中,两幅流程图的左下角的"准备申请"这一步,可能耗费任意长短的时间,但都不计入在内),但是,研究人员之所以收集有关时间的资料,主要是想了解科研申请的行政性过程所需的时间(在合理的草案已完成的情况下),比如审核、编辑、修订、预算准备以及签发等的时间。此外,研究小组还对各高校科研申请的平均时间进行了统计,结果如表 11.1 所示。通过表 11.1 可以发现,当按照前文所述方式将各高校进行分组后,其在科研申请时间上表现出以下特征:即越分权化的学校,其科研申请的时间也越短。

表 11.1　四组大学的申请处理时间

小组编号与特点		大学代码	处理时间(周)
Ⅰ组:SRO 早期参与,		D	17
SRO 提交	平均时间		17
Ⅱ组:SRO 早期参与,		K	14
PI 提交		E	14
		H	11
		F	10
		N	11
	平均时间		12
Ⅲ组:所有层面早期参		B	11
与,PI 提交		I	10
		O	7
		Q	9
		J	6
	平均时间		9
Ⅳ组:各系早期参与,		M	5
PI 提交		P	13
		C	7
		A	5
		G	5
		L	5
	平均时间		5

准备申请的成本

研究方法

对被调查的 17 所大学,研究小组还从以下五个方面,收集各校前一学年申请准备过程的相关资料:

1. 提交的申请项数。
2. 以美元计,申请的经费总数。
3. 大学总的行政费用,按照两大类细分(SRO 层次及院系层次,其中院系层次包括学院及其他任何处于 SRO 行政管理之下的子部门),以及这一总费用中估算用于申请的比例。
4. 科研管理处人员付出的努力。
5. 申请科研项目所花费的时间。

跨案例研究发现

对于每所大学,案例研究小组都统计了两项费用指标:提出每项申请的成本以及每 1 美元申请成本所能申请到的科研经费数。为了评价这两个指标,研究小组用两个变量做分子——科研申请的总项数和申请经费的总金额。对于上述两个指标,其所使用的分母相同,即申请过程中的行政性费用。表 11.2 所示的是各所大学(只有 15 所大学资料充分,可进行统计)在两个指标下的费用结果。

基于规模经济的一项自然假设便是,提交的申请数量越多,那么平均每项申请的花费也便会越低。对于这一假设,图 11.2 通过点状图的方式,对两项变量进行排列,从而对这一假设进行验证。事实发现,点状图显示出来的关系却正好与这一假设相反,即:那些提交申请更多的院校,申请的单位成本(平均每项申请的花费)也更高。且即使本研究中的院校(数

表 11.2 申请的单位成本,按提交申请的数量和经费额分

大学代码	申请成本 总成本 (SRO及 各系)	申请数量 提交 项数	经费总额 (美元)	单位成本 每项科 研申请 的成本	申请100万 美元经费 成本
A	20,576,176	3,131	1,105,367,674	6,571	18,613
Q	12,870,000	4,250	582,146,000	3,028	22,108
M	5,945,500	3,054	983,874,839	1,947	6,043
N	4,576,300	2,566	105,570,071	1,783	43,348
H	3,957,500	2,028	297,191,823	1,951	13,316
G	3,148,060	1,148	400,071,787	2,659	7,869
F	2,312,900	2,101	402,900,000	1,101	5,741
O	1,933,350	2,224	1,224,004,668	869	1,580
D	1,640,000	3,235	762,636,790	507	2,238
K	947,550	1,277	112,408,806	742	7,741
B	608,476	436	81,341,805	1,396	7,480
J	489,000	1,339	134,176,180	365	3,644
I	200,000	318	44,983,744	629	4,446
C	135,000	635	137,698,881	213	980
P	30,580	96	13,579,628	319	2,252
E	—	2,580	461,639,989	—	—
L	—	2,097	270,107,629	—	—

据点)样本数并不大,但这种关系依然具有明显的统计学意义(为确保那些极端偏远的数据点不计入,图 11.2 同时也就把点 A 与点 B 排除后的情况进行了相关分析)。

在对提交申请花费进行考查的基础上,并结合之前所获得的关于申请时间的结论,及按照集权—分权化程度分级而归纳出的四组院校,本研究发现,那些集权化程度最高的院校,往往提交申请的单位成本也要更高,其处理申请的时间更短,但提交的科研申请却更多。

通过研究所收集到的质性资料,研究小组对于科研申请数量与成本间的关系给出了一项试验性的解释,即:集中化程度越高的院校,其申请的单位成本之所以更高,可能是由于多个

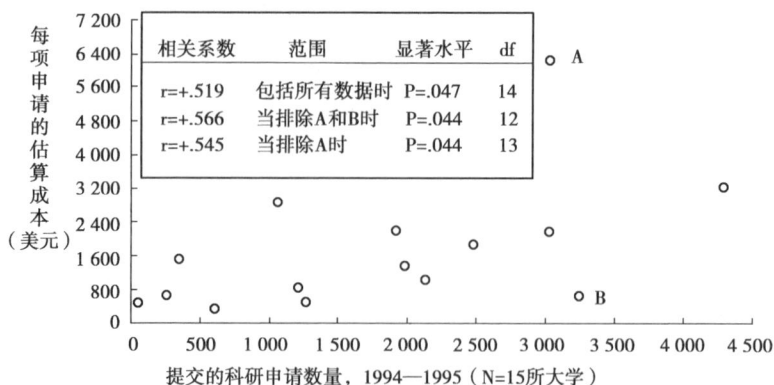

图 11.2　根据科研申请项数,估算每项申请的成本

院系参与科研申请过程的原因。而同时,参与院系越多也即意味着从全校范围来看,处理申请所需的时间要缩短了,而所能提交的申请数量也增多了。在这种情况下,申请数量越多,也就削弱了 SRO 在集权化院校中更为主导化的角色:当申请数量多的时候,SRO 可能就会成为科研申请的障碍,而同时,它可能也无法具备相应的人员和技能来应对申请参与机构与科研申请主题的多样性。但是,这一假设到底是否正确,或者是否是由于数据中的人为性因素导致了这一结论,仍有待未来进一步的研究。

幕后故事:对未来研究提出的问题

对本案例研究所做的评价中,指出大学所期望的结果可能并不一定是要提交一大堆的申请,而是期望能获得大量的经费资助。从分析来看,研究认为那些申请单位成本虽然更高的院校现在看来可能却要更具优势——因为与那些申请单位成本越低的院校相比,他们的申请可能获得更多的经费资助。

但遗憾的是,由于有关申请经费总数方面的资料还不齐全,且有关科研申请过程中经费的分配情况的资料更欠缺,因而本研究目前还无法对这一组新的关系进行考查(由于申请可能多次反复呈交,所以要跟踪经费的最终配置情况可能会超出研究的时间限制)。不过,尽管如此,本研究的质性研究结果之———在申请数量较多的情况下,像科研管理处等这些核心行政部门便会成为科研申请的障碍——还是具有一定价值的。但申请数量与获得的经费资助数额间的关系,还有待后续研究。而这种后续研究也代表了研究过程中的一般次序,即通常某项研究的结果也可能随时启发新的研究问题或新的研究。

课堂讨论和书面作业

通常,一项新研究中最好的问题都是产生于以往相关研究的结论。讨论一下你根据以往相关的研究结论所进行的新研究或提出的新问题。注意区别方法论问题(比如,通过完善以前部分的研究程序而重新确认研究结论)与实质性问题的差异。你认为哪种问题更普遍?

12

转型企业的案例研究[①]

    在本章中,所运用的跨案例综合分析又重新回到更传统的质性分析上。在本案例分析之前,研究人员选取 14 家企业并分别进行单独的个案研究。在筛选研究对象时,主要是看其能否满足两项条件:首先,企业的表现必须达到一定标准;其次,必须有充分的证据表明整个企业都发生了转型,而不仅是在某几个方面或某些运营过程中发生了改变。

    筛选过程实际上在案例研究实施前就已开始,接下来的案例研究不完全符合最初的筛选。案例显示,所有这些企业实际上都符合第一项条件,但同时,也有好几家企业尚未完全转型。因而跨案例分析以下列方式充分利用筛选过程的意外发现:最初的计划是一系列的直接复现;然而,实际的跨案例分析考虑了转型中的各种情况,将直接复现和理论复现同时纳入进来(见材料框 18)。

[①] 本章中的跨案例综合分析来自于报告《转型程度更高的企业案例研究》的附录部分(美国商业部、国家技术标准研究院出版,马里兰州盖瑟斯堡,2005 年 5 月,第 109 – 123 页),原文作者罗伯特・K. 殷(Robert K. Yin)。为了方便阅读,本书对原文内容进行了细微修改。——作者注

材料框 18 直接和理论复现

这项关于制造业企业的跨案例分析包含一些已经转型的企业直接复现(direct replication),还包含一些没有完成转型的企业的理论复现(theoretical replication)。本书第 2 章就复现逻辑及相应的抽样逻辑已进行过探讨。然而,直接复现和理论复现的不同之处尚未探讨。

在直接复现中,预期两个或更多案例经历的事件过程极其相似,因而它们在概念意义上(而非字面意义上)重复或复现了彼此的经历。例如,在本章中,9 个最初被认为已转型的公司拥有表 12.2 中列出的转型的必要变化;出人意料的是,另外 5 个公司不符合这种标准。因此,对这两组转型过程的分析就存在不同。预计第一组的 9 个公司(直接)复现相同的转型发生理由,而另一组的 5 个公司则有不同理由(理论复现)

(详见 Yin,2009a,第 2 章"潜在的多案例研究设计是什么"部分)

为什么要研究转型企业

转型的持久力

研究人员之所以对那些成功实现转型的企业有着浓厚的兴趣(如:Garvir,1993;Hayes & Pisano,1994;Kotter,1995;Pascale,Miueman & Gioja,1997;Raynor,1992),主要是出自两个动机:(1)这类企业通常具备世界级的运营水准和商业上的成功;此外,(2)即使市场、技术及其他条件产生变化,这类企业通常也能长期保持世界级的运营水平。

这些企业在不断变化的市场及技术条件下依然能够保持竞争性姿态,正是这一点吸引研究人员对企业转型进行研究,因为企业转型要求企业顺应时势,转变为一个适应性或学习型组织(Garvin,1993)。什么是理想的转型?考特认为理想的转型不仅应当是企业的整体文化和内部系统有明显的转变——即从一种状态转变到另一种状态——而且要求这种整体文化和内部系统富有活力,能够不断适应新的环境条件(Kotter,1995)。

对转型企业的案例研究

迄今为止,有关企业转型过程的实证研究还比较少。美国国家技术标准研究院、美国商务部及其制造业扩展合作伙伴计划(NIST-MEP)委托开展的 14 个案例研究,把小型或中型制造企业如何实现转型这一问题作为主要的关注点。这 14 个案例,每个都涵盖一家企业与转型有关的事件与结果。通过实地调查报告,NIST-MEP 推荐、筛选并选定这 14 家企业作为案例,并认为所选的每个案例都代表企业转型的一种类型,且 14 家企业都愿意成为案例研究的对象。

表 12.1 大致归纳了 14 家案例研究企业的基本特征,如:企业名、所在地、创办年及主要的产品系列等。值得注意的是,其中的一家企业(德克萨斯铭牌公司)曾获得过"国家质量奖",成为历史上获得此奖规模最小的企业。"国家质量奖"是美国商业领域最主要的一项荣誉,这家公司还获得过许多其他荣誉奖项。

该跨案例分析的主要目的是:(1)从单个案例中概括出公司转型的程度及主要类型(以积累有关转型构成方面的知识),(2)分析促成众多企业发生转型的动力(以积累将来能提高或促成其他企业转型的有关知识)(见材料框 19)。

材料框 19 进行多案例研究时一般的准备与培训工作

本章中跨案例综合分析里的 14 个单案例都是由同一研究小组的多位研究者共同实施的。每一位研究者对一家或几家企业的资料进行收集与分析。在这种情况下,制定共同的案例研究协定,并对研究小组成员进行共同的调查前培训尤其重要。

不像在某些情况下,由一名研究者就可以进行整个的案例研究,当研究人员是一个团队时,就必须要保证团队的每个成员都能使用相同的研究程序和方法。否则,这种多案例研究的结果便是一人一个结果,而由于研究人员的差异而导致的这种不一致还可能被误作为案例本身的差异。

如果由一名研究者就能完成整个的案例研究,那么,这种共同的案例研究协定和正式的准备工作也许就没那么重要了。但是,即使只有一名研究者,仍需注意数据收集过程中所可能发生的一些不必要的差异,比如个案之间的差异(如果是多案例研究),或不同时间段的差异(如果是单案例研究)。所以,即使是对单一研究者而言,使用案例研究协定仍可谓是一项必要的程序。

(详见 Yin,2009a,第 3 章"具体案例研究的准备与培训"部分)

什么是转型企业?

企业转型与(单纯)生产过程改进的对比

对制造企业而言,企业转型的过程不同于单纯的生产过程中的技术改进(Upton,1995)。虽然技术改进的过程也可能涉及新的资本投入、车间改造、生产过程的无缝对接、购置新设备及其他重要变化等。尽管这一过程的变化可能很明显,带来生

表 12.1　14 家案例研究企业:创办年、职员数及主要产品系列

企业名称	创办年	职工人数	产品
Boozer Lumber, 哥伦比亚,南卡罗来纳州	1946 年—创办	145	当时:橱柜,窗户,门 现在:屋顶架,墙板
Breeze-Eastern , Inc. , Union, 新泽西州	1926 年—合并,命名为 Breeze Corp. 1980 年代早期——被 Trans-Technology 收购	173	直升机救援升降机,外部吊货钩、起货绞车
Dowcraft Dvision of the Dowcraft Corp. , 福尔克纳市,纽约州	1934 年——被收购,取名为 Jamestown Steel Partition Company 1961 年——成为 Dowcraft Corp	50	可移动式钢墙
Dynagear Oil Pumps, Inc. , 马科基塔市,爱荷华州	未知年份——Hoof Products 创办 1995 年——Dynagear,Inc. 收购 Hoof 1997 年——Hoof 公司改名为 Dynagear Oil Pumps, Inc.	137	当时:调速器,定时装置,油泵 现在:油泵
Forming Technologies,Inc. , *密歇根州	创办年份未知	70	不锈钢排气系统零件
Grand Rapids Spring and Stamping, Inc. , 大溪城,密歇根州	1960 年——合并为 Grand Rapids Spring and Wire Products, Inc. 1985 年——被 Jim Zawacki and Ted Hohman 收购 未知年份——公司改名为 Grand Rapids Spring and Stamping, Inc.		当时:弹簧,电缆线 现在:弹簧,模锻

公司	创办信息	人数	产品
Jacquart, Fabric Products, Inc. 艾恩伍德，密歇根州	1958 年——作为一家兼业经营公司创办		宠物窝及其他软垫产品
KARLEE Company, Inc., 加兰，德克萨斯州	1974 年——创办	400	金属板
MPI, * 密歇根州主厂	创立于约 80 年前；1983 年——被出售给集团企业；1989 年——65% 的股份出售给日企	少于 500 人	汽车配件（如车轴、控制臂等）
Rheaco, Inc.，大草原城，德克萨斯州	创办年份未知	85	机械加工与金属锻造全方位服务
Texas Nameplate Company, Inc.，达拉斯，德克萨斯州	1946 年——创办	66	金属坚定与信息标签
UCAR Composite, Inc.，欧文市，加利福尼亚州	1988 年——创办	70	大型组合部件精密模具
Venturo Manufaturing, Inc.，辛辛那提市，俄亥俄州	未知年份——Venturo 创办；1989 年——Collins 联合有限公司收购 Venturo	40	车载液压起重机
Williams-Pyro, Inc.，沃思堡市，德克萨斯州	1971 年——创办	30	高档灭火器及接合器

* 出于信息保密的原因，凡带有 * 的皆为公司化名。

产率和利润率的明显增长,但是,单纯的改进过程并不能带来企业整体文化与内部系统的改变,无法为企业保持更为长久的竞争力提供动力,使其真正成为一家转型企业。

企业转型与单纯生产过程的改进之间的一个主要差别,体现在员工投身于企业基础设施的开发与维护过程中的参与度上。尽管企业转型及生产过程改进这两种情况都会涉及员工的技能培训,但转型需要赋予员工更多的权力。赋权方式包括通过员工持股制实现员工对公司的共同所有权;支持员工参加除生产技能培训以外的其他教育培训(如帮助员工获得高中同等学历证书等);提高员工的薪酬与福利待遇,改善其他的工作条件等;或使员工参与到企业的管理决策过程(而不仅仅是生产过程)。

譬如,如果在车间仅采用单元制造或其他方式对车间员工进行优化组合(这种变革通常能使员工共同参与生产过程的决策,并显著提高生产效率),而不对人力资源政策做出相关调整,那么这一变革仍然只能算是生产过程的改进,而不会促进企业的转型。同理,如果仅对人力资源政策做出调整,而不对企业做出相应的结构调整,那么仍然无法促进企业转型。

当变革能影响到企业的战略管理、市场战略安排或采用新的信息技术时,与转型更为相关的明显特征才能显现——尤其是当这种变革需要对企业的核心管理程序或制度做出调整时,更是如此。同样,不应把信息技术的变化局限于生产过程中(如采用计算机数控设备),而应把生产过程与业务和管理系统联系在一起。因而,转型的实质,是要求实现整个企业基本运营组织的变革,而非仅仅是生产过程的改进,或者由产品线的变化所带来的生产与营销过程的变化。

企业的转型过程,不是一蹴而就的。通常,所有的变化需要经历一段时间,但这种变化必须要有足够的力度,并与之前的改革实践有所区别,以最终完成以增强竞争力为目的的重新定位。而这种变化的一个标志,可能便是企业名称的变化。

操作化定义

转型公司的操作化定义是本案例研究的核心,也是当前分析的重点。通过查阅文献及咨询有关专家,案例研究小组拟定一个整体的框架,并列出可能真正表征转型的管理、营销、生产和业务的流程及相关的政策等方面的特征。此框架如图 12.1 所示,展示的是一个逻辑模型,按顺序描绘了与成功转型过程有因果联系的变化。在该表的第四栏里,列出了与企业转型相关的五类(A-E)转型事件。这些事件与其他不确定的变化过程(第 4 栏内的虚线框中的空白部分)相结合,它们可共同被看作是实现第 7 栏中企业绩效改善的原因所在。

表 12.2 列出在企业转型过程中,所期望产生的管理、生产和营销过程及政策方面的变化。为符合案例研究的要求,企业必须至少要在五个领域中的四个领域内发生变革,并证明在第六个领域即过去 5～7 年中的经营业绩方面也有显著变化。另外,这里所指的"业务成果"不仅指的是企业的"改善"。企业最好是能够证明自己有着高水平的绩效,所谓高绩效,即指该企业的生产能力能够在同一个竞争性市场中处于前 25% 的位置。但这一点并不作为案例研究筛选条件的强制性要求。

企业经历了哪种转型

汇集从单个案例研究获得的数据

跨案例分析的第一步,是对各个案例研究进行仔细的回顾和审查。这其中包括上文提到的六大领域(五大组织领域及最终的经营业绩领域),汇集有关企业转型的关键信息。

在汇编数据过程中,研究者还特别注意收集了各企业转型事件发生的时间信息,主要出于两方面考虑:(1)这些资料能够呈现各企业转型过程的速度及周期方面的代表性数据,(2)这些资料能够为编制出转型事件的大事记提供一个时间基准。表 12.3 十分简洁地概括了这 14 个案例研究的基本情况,以便读者对其整体类型有一个快速的把握。

在为关键词命名时,我们把"转型企业"定义为那些完成广泛的改革,且改革能影响企业几乎所有领域,并使得经营绩效得到真正改善的企业。这些企业必须至少要在表 12.2 所示的六个领域中的四个领域中实现变革(其中第六个领域是强制性的)。

跨案例综合分析中操作性定义的应用

在对所有的案例研究分析后,研究者发现并不是所有企业都符合被定义的"转型企业"标准。按照当前的案例筛选程序——即是否将某个案例纳入研究取决于声称的组织过程,而不仅仅是(业务)业绩——进行筛选时,这种偏差时有发生,因此应当宽容这些偏差。在这种设计中,可能要在筛选过程中开展一项完整的案例研究才能获得彻底的和确定的筛选程序,而这是不太可行的。另一方面,正如下文讨论的,那些不符合转型标准的企业也能提供有用的信息。

未完全转型的企业

表 12.3 表明,14 家企业中的 5 家并未实现完全转型,因为它们并未在表 12.2 所示的六个领域中的五个领域里实现变革。以这 5 家企业中的 4 家为例,尽管他们在生产过程等方面(包括技能培训和重新安排车间布局)取得实质性进展,但这种表面上的转型实际上主要局限于这些(生产)过程的变化。

而在人力资源或战略规划等方面,各企业并未显示进行过重大的变革——尽管在案例研究时,部分变革仍还处于计划阶段。在这些企业中,转型过程仍可能出现,且各企业在未来某个时期仍有可能达到转型的标准。但是,在本跨案例分析过程中,暂时还是将这些企业归类为"未完全转型的企业"。

后期成果　中期成果　最初成果

1. 初始条件
· 转型前企业的状况
　· 营销方式
　· 战略观
　· 优势劣势

2. 改革的催化因素
驱使企业向往改革的事件或发展（如：利润下降），也可能是内部因素（如：顾客的需求等）

3b. 制定改革策略
· 企业内部主题驱动的转型

3a. 制定或重新评估企业经营策略
· 在催化因素作用下，企业经营策略发生变化

4. 转型
A. 管理体系
B. 营销体系
C. 生产体系
D. 信息技术
E. 人员系统（人力资源）

变革过程

5. 战略一致性增强
· 企业自身能力与战略一致
· 企业职能部门间相互支持（如：人员支持系统能支持生产体系）
· 企业自身能力与战略及市场需求一致

6. 企业绩效提高
· 人员流动率降低
· 生产能力提高
· 进入新市场
· 客户满意度提高

7. 经营业绩提高
· 销售额增长
· 利润增加

8. 竞争性假设
· 为提高企业内部与外部的一致性
· 为提高企业绩效
· 为提高高经营业绩

9. 企业战略（转型的相关条件）
初始战略

战略演变　　最终战略

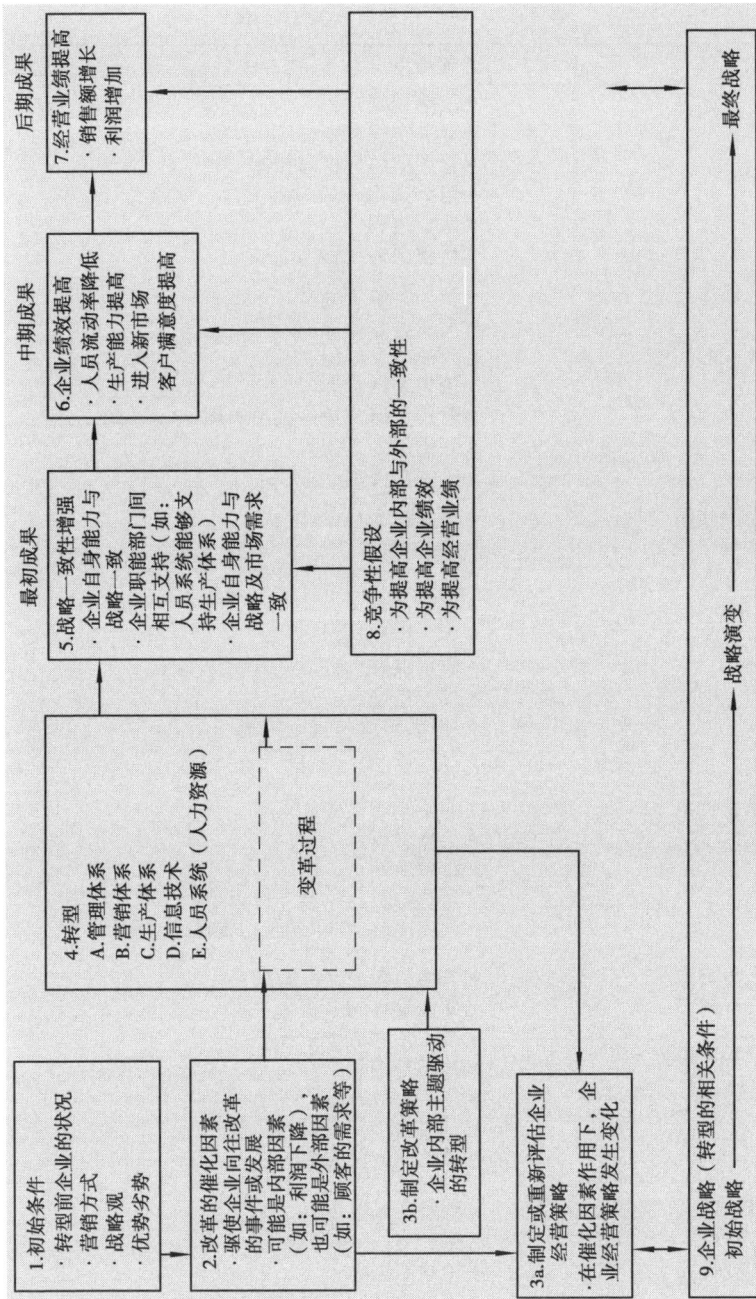

图 12.1　转型企业逻辑模型

表 12.2 转型企业所需变革领域

变革领域	变革标准
管理体系	• 战略规划过程 • 业务实施规划程序 • 管理信息分析与控制 • 组织文化 • 融资过程 • 行政服务过程
营销体系	• 市场竞争者分析 • 消费者分析 • 产品研发过程 • 销售区域管理 • 营销策略与销售渠道管理 • 营销策划过程 • 广告与促销
生产体系	• 产品或流程设计 • 设备设计 • 计划与日程安排过程 • 采购计划 • 生产控制过程 • 质量保障过程 • 维护措施 • 环境、健康与安全措施 • 分配措施
信息技术	• 通讯基础设施 • 信息管理方法 • 系统应用 • 过程分析与决策支持程序 • 公司面临的"千年虫"(2000 年)问题
人力资源	• 人力资源战略与管理 • 职位设计与分析 • 员工招聘或选拔程序 • 补贴与福利 • 员工绩效管理 • 员工培训与发展 • 员工间人际关系
商业业绩(强制性的) 在过去 5~7 年有大 幅度提高	• 消费者满意度 • 生产率(人均增加值) • 销售额 • 对新顾客的销售量 • 利润

表12.3 14个案例研究的基本情况

公司名称	转型情况简介	转型中首席执行官的角色
转型的公司：		
Dowcraft	公司安装了新的CAD(计算机辅助设计)软件,改进了市场销售网络,并设计出动态的战略方案;建立ESOP项目,并为员工提供新的培训机会;在车间实施团队管理;引入新的生产设施及新的生产控制系统。	公司董事长与5名员工购买了控股公司。新CEO上任并敦促改革;WNYTDC帮助确定并实施新的生产过程。
Dynagear油泵公司	公司放弃了三分之二的生产线,并同时投资改善员工的工作条件,薪酬及参与公司管理的机会;之后又对公司的信息技术(计算机系统)进行升级,更换公司名称,更改销售计划。	公司并购后,新CEO上任,该CEO是公司改革的推动力量;IMIC协助公司改革。
Forming技术公司	因为公司基本生产原料的变化,公司完全改变之前的运营模式,需要进行研发来解决技术问题;增加员工的薪酬与福利,提供员工培训,改善工作条件,采取持续改进的企业理念。	公司CEO认真研究必要的技术变革领域(由于顾客需求的变化),是公司所有变革行动的推动力量。
Grand Rapids弹簧和模锻公司	公司重组生产线;安装新生产设备,包括可供所有员工使用的电脑;减少客户数量以增强与重要客户间的联系,增加员工参与生产与管理过程的机会,增强员工培训。	新的所有者收购了公司,其中一位成为公司的新CEO,是公司变革的推动力量;MMTC在小型公司形成与不断改进方面提供帮助。

续表

公司名称	转型情况简介	转型中首席执行官的角色
转型的公司:		
KARLEE 公司	公司组建领导团队,进行战略规划,重新界定与客户间的关系,安装适应生产的新的生产设施,进行单元化制造,继续扩增公司基础设施,并实施新的信息系统,将业务与生产过程相联结。	公司最初创始人的配偶承担公司大部分领导责任,并成为公司总裁和CEO,致力于为公司营造一种领导文化。
MPI 公司*	公司建立富有新意的生产单元,转变产品重点,改进营销方式,为员工创造更加平等的工作环境,实施参与式的kaizen(日语,经营方法)制度。	公司经理为公司找到新的CEO;CEO与新经理成为公司改革的推动力量。
Rheaco 公司	公司重组生产场所,集中面向少量客户(有利可图的顾客群),安装整合的信息系统,投资员工培训与能力建设。	公司创始人的儿子接任公司CEO,并面临到生产困难。TMAC大力帮助,但CEO是公司战略规划与变革的推动力量。
Texas Nameplate 公司	生产中,顾客需求量增大,促使公司对生产流程进行升级,安装新的生产设备,投资全面质量管理培训,并致力于实现产品零缺陷;同时,公司投资员工培训项目,并制定战略发展规划,实施新的营销策略,升级计算机系统。	公司法定所有人的儿子任总裁,并致力于进行全面质量管理,将员工视作为公司最重要的资产。为公司不断设立更高的标准。
Williams-Pyro 公司	公司将产品设计流线化,实施计算机生产,安装遥控的自动化管理团队并建立参与式的企业文化。进行战略规划,开发新的营销策略	新CEO接任已故CEO,新CEO力求使公司生产过程现代化,并成为公司改革的推动力量,TMAC及高级经理也各予重要的协助。

还未完全实现转型:

Boozer Lumber	公司建立新的装配工艺,之后又建造新的厂房;由于两班制的变化,厂房工人数锐减;新厂生产效率与产能提高;现在公司正计划提高营销部门及公司其他厂房的生产效率。	新人成为公司总裁和 CEO。CEO 命令 SC-MEP 进行基准调查,并为建立新厂进行规划。
Breeze-Eastern	公司对生产过程进行改革,缩短产品交付周期,降低生产成品和拖欠率;完善库存周转与资金流动环节;实施无纸 MIS 系统(管理信息系统)及绩效测量系统,使公司各部门关注公司整体目标,而不仅仅是部门目标。	在公司步履维艰之际,新 CEO 接手公司事务,裁减人员,使生产流程更加合理化,并重新组建管理团队。管理团队与外部咨询公司合作 14 个月,为公司制定清晰的经营策略。
Jacquart 纺织品公司	公司调整生产流程,实现实时支付,使用持续快速改进策略,增强员工之间的交流,增加员工谏言机会及对管理过程的控制权利。	公司法定所有人(同时也是公司的 CEO)想定改善公司生产过程,并请求 MMTC 进行协助。MMTC 建议公司实施持续快速改进策略。
UCAR Composite 公司	公司声称正在不断地转型。公司没有固定的生产流程,公司没有固定的地点,甚至没有固定的市场;公司的内部文化保留初创时特征;公司采取的主要措施包括将新技术发挥到极致;员工一般长时间工作,且公司希望员工的工作表现能更好、速度更快,薪酬更低。	公司创立于 11 年前,并不断对机械与计算机设备进行升级;总公司为其战略规划的制定(CMTC 提供协助)提供资金支持。

续表

公司名称	转型简介	转型过程中首席执行官（CEO）的作用
还未完全实现转型：		
Venturo 制造公司	公司安装 kanban 即时系统，将生产周期缩短一半，并给予员工更多的管理生产流程的责任；考虑为提高生产效能进行战略投资；公司现在正在考虑采用新的条形码技术来未来进一步改善库存管理与生产效率。	新的总公司收购该公司，并将公司迁移至新址，使公司运行过程流线化。在 IAMS 的辅助下，新的生产协调员协助厂房经理实施 kanban 系统。

术语：

NIST：制造业拓展伙伴关系网络（NIST MEP）下的各个研究中心

CMTC：加利福尼亚制造技术中心（California Manufacturing Technology Center）——UCAR Composites

IAMS：先进制造科学研究所（Institute of Advanced Manufacturing Sciences, Inc.）——Venturo Manufacturing, Breeze-Eastern

IMTC：爱荷华制造技术中心（Iowa Manufacturing Technology Center）——Dynagear Oil Pumps

MMTC：密歇根制造技术中心（Michigan Manufacturing Technology Center）——Grand Rapids Spring；Jacquart Fabric Products；MPI；Forming Technologies, Inc.

SCMEP：南卡罗来纳制造业拓展伙伴（South Carolina Manufacturing Extension Partnership）——Boozer Lumber

TMAC：德克萨斯州制造业拓展伙伴（Texas Manufacturing Extension Partnership）——Rheaco, Williams-Pyro

WNYTDC：西纽约市技术发展中心（Western New York Technology Development Center）——Dowcraft

以上未提到有与任何中心合作的企业：KARLEE, Texas Nameplate

* 出于信息保密的原因，凡带 * 的皆为公司化名

材料框 20 跨案例综合分析

　　如第 11 章与 12 章所介绍的,跨案例综合分析能够将各个案例研究的结果汇集到一起,且跨案例综合分析还是多案例研究中的一个最重要的部分。理想的分析是能将每一案例研究当作是一个独立的研究。因而,跨案例综合分析的方法与其他的研究分析并无两样。如果同一个多案例研究中有着大量的案例研究,那么,跨案例综合分析与其他研究的综合分析一样,也可使用量化分析的方法。但是,更为常见的情况是,一个多案例分析中往往只有少量的几个个案研究,因而需要采用另一项分析程序。如第 11 章和 12 章所示的,这项分析程序包括编制文字图表、展示各个案的信息,并从各个案中找出不同的类型等。

　　　　　　　　(详见 Yin,2009a,第五章"跨案例综合分析"部分)

　　第五个例子(UCAR)之所以被认为与上述情况有所不同,是因为这家企业仍处于新公司的创业阶段;比如说,案例研究发现,这家企业的内部文化仍带有创始阶段的特征。尽管在案例研究时该企业已有 11 年的历史,并呈现出继续发生变化的态势,但公司所谓的变革和一家新设立公司早期可能发生的转变没有什么两样。从这一意义上讲,该公司没有出现从一种状态到另一种状态的转型,而仍是处于起始阶段。

　　把这 5 家企业与其他企业区分开的一个重要原因是,在考察转型企业的组织变革过程时,不应把从两组不同的公司获得的信息混淆起来。实际上应当反过来说,因为这 5 个案例可能经历了不同的变革过程,可以与其余 9 个案例形成对照(见材料框 20)。

转型企业

　　除上述 5 家企业之外,其余的 9 家企业均看似满足了"转型"的所有标准,即在前文所述的五大领域中的至少四个领域里实现了某种重要改革,并在第六大领域里展现出骄人的业

绩。它们的转型不仅体现为生产运行方面的改善,同时还表现在下列组织实践或规范的转变:

- Dowcraft 公司:动态的战略规划和员工持股计划。
- Dynagear 公司:开放式管理及共享财务业绩信息。
- Forming Technologies 公司:持续改进,包括实现内部多方面的改善。
- Grand Rapids 公司:员工参与度高,企业寻求持续改进的组织文化。
- KARLEE 公司:团队成员全身心地投入公司整体目标的实现。
- MPI 公司:创造性的生产单元。
- Rheaco 公司:将注意力转向到以顾客为导向的生产上。
- Texas Nameplate 公司:持续改进。
- Williams-Pyro 公司:战略规划强调公司远景目标的一致性。

对这 9 家企业的大多数而言,转型的过程看来一般要经历 5 年,但 Dynagear、MPI 和 Williams – Pyro 除外,这三家企业只用 2 ~ 3 年时间就完成了转型。

转型是否都需要同样的条件?

尽管案例研究的本意并不是要分析各家企业转型的动机,但在案例研究过程中,研究人员对与转型过程有关的条件进行了考查。在此基础上,该跨案例分析有机会考查各个案例在转型过程中是否会表现出某种更大的普遍性和共同性。通过分析发现,上述 9 家企业的转型可以归结为以下两种类型:

新的产品线带动转型

在这一组当中,典型的有 3 家企业(Dynagear、Forming Technologies 及 Grand Rapids)。这 3 家企业的转型,都与它们

的产品线（Dynagear 和 Grand Rapids）或原材料（Forming Technologies 的原材料从低碳钢转换到不锈钢）的根本变化有着直接联系。而当这些产品导向的变化发生时，通常都会伴随或要求企业在制造过程、营销策略、战略规划以及相关的技术和人员支持上也进行大规模的改革。以 Dynagear 和 Grand Rapids 为例，这两家企业的产品线发生了根本性的变化，以至于两家企业最终都更换了公司原来的名称，而这在其他 7 家企业中是不曾出现过的（尽管有一家企业在转型之前更改了企业名称）。

希望提高生产率也能促进转型

在第二组中，典型的有 6 家企业。这 6 家企业的转型并不是由于它们的生产线或原材料发生根本性的变化（尽管产品及结构可能产生了变化），而是通过对生产过程的大幅改造、人力资源与技术资源的优化组合等实现转型，以提高生产率。

对这两种转型情况进行分类是有意义的，因为尽管很多企业都想实现成功转型，但是，并不是所有企业都有机会或有必要对他们的产品线或原材料进行根本性变革。从第二组转型类型中就可以看出，产品线或原材料方面的变革并非必要条件。其实，转型的魅力在于在产品线不变的前提下，知道如何改变企业现有状态，提高生产效率，优化企业文化。

作为启动事件的首席执行官（CEO）变动

在上述的两种转型中，可以看出同一个特点，即企业的转型过程似乎都起于新的 CEO 接手企业，这一现象在 8 家企业中都存在（除 Forming Technologies 之外，因为该公司 CEO 的儿子在从其父手中购下公司的全部产权之前就带领公司进行了改革，而在其购下产权时，公司差不多已完成转型）。这些新 CEO 们，有的被新的所有者收购（Dynagear 和 Grand Rapids），有的是子继父位（Rheaco 和 Texas Nameplate），有的是原有

CEO 的配偶（KARLEE 和 Williams-Pyro），还有一些则是 CEO 的继承者（Dowcraft 和 MPI）。

通过案例研究发现，新上任的 CEO 们似乎都有着发起和维持某种转型过程的雄心、才能和战略眼光。在那些较小型的企业，一般 CEO 一人就能独当一面，对改革产生重要的影响；而在那些较大型的企业（9 家企业中只有 2 家的员工数超过 200 人），一般 CEO 与高层管理者共同携手影响改革。

在尚未完全实现转型的公司中，5 个案例中有 3 个 CEO 或所有者是新的。因此，一个有趣的可能性是：CEO 的更换对公司转型来说是必要条件而不是充分条件。

CEO 的视野与其后的行动

首先，生产过程的改进及生产效率提高是 CEO 的工作重点。同样重要的是，CEO 在推动或实施战略规划或文化变革进程等方面的能力，帮助公司实现多种目标，诸如环境保护、持续改进、从生产驱动型到顾客导向型的转变，"掌舵者"的提升，或增强员工的士气，拓展公司的理念。相对而言，那些并未完全转型的企业中，CEO 或所有者往往倾向于以较为明确的条文来说明企业新的改革需求，并经常依靠咨询人员或外部专家来为公司确立较为明确的技术变革。

其次，在 9 家企业中有 8 家企业，他们的生产变革和战略规划实质上都是在车间进行分权管理与分散责任。它们或者是采用生产单元、车间工作小组与小型公司的形式，或是通过设立员工委员会等实现的。然而，这种分权管理行为在未完全转型的企业中还不明显。

外部技术支持与 CEO 的领导

在那些转型企业中，与转型相关的另一种情况便是 CEO 们对外部技术咨询或支持的利用。无论是在转型企业还是在未完全转型的企业中，都会或多或少地寻求这种技术支持。

　　但是,稍有不同的是,在转型企业中,CEO们一般会更为主动地确定或引导外部专家的工作;但是,在未完全转型的企业中,外部专家比CEO发挥更大的作用。例如,在未完全转型的5个公司中,至少有4个公司的转型过程是由外部专家主导或提出转型计划,如建立新厂房、进行SWOT(优势、劣势、机会和威胁)分析,Kaizen快速培训计划、Kanban即时生产系统等。

未来有待解决的问题

　　从以上分析可知,一个公司实现转型的大致过程是:新的CEO制定一套战略规划或整体方案,把控制权下放到车间,实现生产过程的改进;CEO能够主导外部专家的工作,而非由外部专家主导CEO。需要从转型过程中寻找更多的线索才能补充上述过程。例如,案例研究里面并没有对制造业资源规划绩效系统、ISO 9000(生产认证)或相关认证、员工激励机制、其他关键岗位人事变动或其他人事或管理制度方面的变化等可能造成的影响,进行过系统的考查。因而,这些方面仍有待今后的进一步研究。

　　14个案例在转型过程中表现的普遍特点说明,企业转型的关键因素可能是CEO职位的更换,而不是现任者的转变。但是,这一观察结果到底是否正确,同样有待今后的进一步验证。

　　同时,企业CEO的批判性战略眼光及其对转型的决定,也给国家技术标准研究院生产合作伙伴(NIST-MEP)在为企业提供技术支持时,提出了一个重要的问题:如何预先判断新的CEO或者现任CEO能够或者有决心领导公司进行转型?同样地,国家技术标准研究院生产合作伙伴(NIST-MEP)或其他顾问应如何有效地促使或说服CEO愿意实施并带领公司实现转型?

小结：转型企业的一般经验

上述这些个案研究对什么是企业转型过程作了阐释，并将企业转型与其他在生产过程中出现的更为一般的技术改进区分开来。而在跨案例研究设计当中，对 9 家转型企业与 5 家未完全转型的企业进行对比之后，得出了以下结论：

转型企业成功地在整个企业内完成大幅度的变革，并因此显著且持久地提高企业的经营业绩。另外，尽管公司的生产线或产品的基本原料的重大改革可以带动企业转型，但这并非公司转型的必然条件。

在 14 家案例企业中，有 9 家符合转型企业的标准，而其余 5 家则被视作是未完全转型的企业。这 9 家转型企业一般都是通过 5 年左右的时间完成转型，但其中也有 2 家企业只用了 2 ~ 3 年时间就完成了转型。

从这 9 家企业转型的典型情况来看，它们的转型过程一般始于公司 CEO 的更替，以及一系列能够反映新 CEO 的雄心、才能和战略视野的行动。这些行动既包括对企业的生产过程进行重要的技术改进，也包括将战略规划付诸实践，或企业文化改良及其他相关过程。

同时，企业转型还包括向车间生产班组下放自主权及增强员工的责任感。而如前文所述，这一现象在 5 家未完全转型的企业中尚不太明显。尽管这 5 家企业在生产过程中同样也经历了大幅改进——包括车间布局的重新安排、生产环节无缝对接，或新生产设备的引入——但仅仅这些改进，不足以转变为战略规划或分权管理。

幕后故事:选用更有代表性的案例设计

　　本章的引言部分提到过,在实施本案例研究的过程中的意外发现:最初在筛选案例企业时想找到 14 个转型企业的例子,从而对 14 家不同企业的转型过程进行研究。然而,事实上发现,这 14 家企业中有 5 家在研究时未完全实现转型。鉴于这种情况,一个可能性就是坚持原来的(代表性案例)研究设计不变,并忽略这 5 家不符合研究设计的企业。但是,最后实际的案例研究使用了本章所示的另一种研究设计。这种研究设计不仅能够增进对转型过程的了解(因为在案例综合分析中,所包含的不仅仅是同类别的代表性案例,还包括不同类别的代表性案例),而且还能受益于从所有企业中总结资料,而不是简单地因为其与预计情况有所差异而忽略它们。

课堂讨论和书面作业

　　讨论一下有代表性的案例设计的利弊。如果仅研究成功的案例,那么,这种研究结果在哪些方面可能会存在偏倚或显得有选择性? 如果在进行案例研究时,把关注点主要放在阐明某些过程(如:使企业转型)是如何产生的这一点上,而不是关注这一过程能够产生何种效力,那么,我们能够在多大程度上消除这种结果上的偏差或选择性风险?

第 V 部分

案例研究评估

　　案例研究作为一种研究方法,已成为评估分析的一种常用方法。评估分析的对象常处于现实世界的情境中。这种情境可能并不适于使用其他的评估方法,或会为其他方法的使用带来难以克服的困难(Streiner & Sidani,2010)。例如,使用调查法时,普遍的困难是如何从某类社区群体中获得适当的回收率(Watson,2010),但若使用某种实验(或准实验)设计,所碰到的这类困难便要少得多。

　　但在这样的情况下,你可能会发现,案例研究方法是评估现实情境中发生的某些重要行动的一种有用方法。也许案例研究并不能解决所有有关的评估问题,但通常成功完成案例研究评估的难度不大,得出的结果很重要且相关度高。

　　本书的第五部分将主要介绍案例研究评估方法,分三章介绍三个具体应用的例子。其中,第 13 章专门介绍案例研究评估的重要阶段——案例研究评估的设计、资料的收集及分析。与本书其他章节不同的是,本章在介绍各个阶段时,首先对该阶段的一般程序进行介绍;接着,再对应某个具体案例研究的相关环节就这些程序作举例说明。在第 13 章中,主要以某社区联盟禁止毒品滥用的行动评估作为案例研究评估实例。

　　而其后的两章,则介绍案例研究评估具体应用的其他两个例子。其中,第 14 章以某项旨在减少机动车偷窃行为的地方执法行动为案例研究评估实例。第 15 章主要评估某一组织网络,该网络是专门为预防 HIV/AIDS 而设,其主要任务是为州及地方的公共卫生机构提供技术援助。在这一章中,案例评估主要侧重于评估该技术援助的结果,并为未来更成功地实施这类技术援助总结相关经验。

13

对某社区联盟的评估

本章主要包括 4 个部分:介绍什么是案例研究评估,案例研究评估的设计、资料的收集及分析。

与本书其他章节不同的是,本章 4 个部分分别采用迭代方式行文:首先,对相关类型案例研究的一般步骤进行介绍,接着,以对某社区联盟进行的评估为例,结合实例的相关环节对该部分进行具体阐述。

这种迭代的方法,有意识地在案例研究评估各步骤中穿插真实案例研究的例子。通过这种方法,你可以了解在案例研究评估的主要阶段,某一具体的案例是如何开展的。同时,整个实例并不是集中在某一部分展示。为了对本章中社区联盟评估的实例有一个完整的了解,读者需要将穿插在各部分中的实例片断综合在一起,并将其从其他插入性材料中解析出来。

案例研究评估介绍

实施评估分析的挑战

案例研究法是一项独特的评估分析工具。多年来,美国政府主要的评估机构——美国审计总署(Government Accountability

一直以来,GAO 都将案例研究法作为一项主要的评估分析工具。为了帮助评估人员更好地进行评估分析工作,GAO 出版了一部名叫《案例研究评估》(Case Study Evaluations)的全套方法论报告。该报告的实用性及其所提供的详尽的操作性建议,为某些评估分析领域(如评估司法、住房、福利、环境、教育及国外援助等领域的干预措施的研究)的所有人士提供了宝贵资料。

总体而言,GAO 的这部报告都以质量控制和严谨性为主题,因而,其所引用的许多步骤和概念都是来自该书(Yin,2009a)指南的稍前版本,比如说多个证据源的使用、证据链的建立、以模式匹配与解释建构作为两种主要的分析策略等。但是,由于 GAO 的报告所引用的案例研究评估的例子都是由 GAO 自己实施的,从而也使这部报告更具价值。但由于该报告出版已久,也许你会想从最新的 GAO 出版目录中寻找一些更新的评估实例。

(详见 Yin,2009a,第 1 章"作为研究方法的案例研究的不同分类"部分)

Office,GAO)一直将案例研究评估法作为一项保留性的评估工具。而在一份重要的评估文件中,GAO(1990,p.9)列举了可以运用案例研究评估的六种相关情况:描述性的、探索性的、批判性的分析,以及项目实施分析、项目效果分析和跨案例分析(见材料框21)。

尽管案例研究方法的一种主要作用便是用于评估,但是调查评估人员可能对其基本的步骤还不是很熟悉。因而本章将介绍一下案例研究评估的主要步骤,并简要以一个社区联盟评估的实践作为具体例子。在介绍这些步骤之前,有必要对什么是"评估"作简明定义。

何为评估?

对正在进行中的活动或新变化进行评价。评估是以资料来评价某一活动——某个项目、实践、工程或某项政策等——完成情况的研究。这种评价既可以在活动早期进行,对活动的中期改善提供建议(形成性评价);也可以在活动的后期进行,对活动做出更为终结性的判断(终结性评价)。而这些被评价的活动既可以是某个组织正在进行的活动,也可以是组织有意为检验某种新变化所进行的创新活动。

就正在开展的活动而言,无论是公立还是私立组织,一个普遍做法是雇用自己内部的评估人员对活动进行持续性评价。对那些有意进行创新的活动而言,一般都是借助联邦、州、地方政府,以及私人基金和其他外部资金来源的赞助,雇用外部评估人员对活动进行评价。

但无论是哪种评估,评估活动的目的都是对所评价活动的可行性及结果进行记录和分析。这里正在进行的活动或创新等可涵盖以下不同类型的活动,如:

- 使用某种新型技术设备(比如,为教室安装的新的电子黑板等)
- 重新配置的服务流程(比如,医生—护士团队的不同组合等)
- 社区行动(比如,预防居民区犯罪的行动等)
- 新实施的政策(比如,提高大众交通费用的标准等)

评估发生在真实情境中,而非实验室条件下。无论是对已有活动还是对于创新活动的评估,要了解其面临的挑战,关键是要明白这两种类型的评价活动都是发生在真实情境中,而不是在实验室条件下。因而,评价研究不得不舍弃传统实验项目所具备的两大优势。

首先,一项实验项目必须对期望的实验环境进行严格的控制,尤其是在对比"实验组"与"对照组"两组条件时更是如此。其次,一项实验项目的所有部分通常都是由某大学或研究机构的专门研究人员进行管理,而被评价的现实情境与活动则通常是某服务机构(并非研究机构)的工作,并由接受过活动执行培训的项目经理进行管理。

以上这两种典型情况都限制了评估研究所能使用的研究方法,尤其是几乎无法使用真实的实验设计。因而,大量的准实验设计(quasi-experimental designs)便应运而生(Campbell & Stanley,1966;Cook & Campbell,1979;Rosenbaum,2002)。这些准实验设计不需要对所评价活动进行系统的控制,并肯定现实情境的作用,认为自身便发生在"实际环境"中或者它们本身便是"观察研究(observational studies)",尽管它们并不使用案例研究方法。

案例研究评估。在案例研究评估中,需要承认的是,其评估人员也无法对所评价的活动进行控制。尽管如此,在处理现实情境的突发情况时,案例研究这一方法可能还是要比准实验设计更为有效,例如:

- 由于无法预料的外部条件的变化,致使被评价活动在中期所遭遇的变化,可能甚至会使准实验的最初设计和结构都不适用。
- 由于个体参与者或某项活动涉及多个地点的原因,造成样本流失率太高时,也会对准实验设计之前计划好的抽样与分析方法造成不利影响。
- 在面临满足活动实施需要与评估需要孰先孰后的问题上,活动的项目经理及实施评估的研究人员之间所造成的人际关系紧张。

对于这三种情况,案例研究评估都要比准实验设计更为有效。首先,案例研究评估能够更好地适应中期变化,因为案例研究方法的一大前提便是研究的现象与本质之间的界限模糊,正因如此,案例研究评估也能更加包容随着时间的推移,及在模糊界限中所发生的变化。其次,由于案例研究重点强调证据的多源性,因而,它能够提供多种选择从而解决样本流失率高所带来的难题。再次,案例研究方法能够适应以上及现实情境中的各种情况,减弱项目经理与评估人员之间可能的冲突。

为了解案例研究评估是如何实施的,这里将评估研究分为三个阶段:研究设计、资料收集及资料分析,并结合具体实例——对某社区联盟进行的案例研究评估,分阶段分步骤进行介绍。

案例研究评估的具体应用——对某社区联盟的评价

本案例中的社区联盟所服务的范围是位于南加利福尼亚州的一个超大城区。该区域人口 850 000 人,并划分为 60 个社区。该联盟是一个"伞状组织(umbrella organization)",其成员构成主要来自其他的一些社区组织(比如,教堂、服务中心、家长协会等),此外还包括一些个人等。

该联盟所服务的社区以少数族裔美国人为主,其中西班牙裔人口占总人口的 20% ~ 50%。与该市其他地区及其周围的城镇相比,该区毒品或青少年涉毒有关的拘留率,可卡因、海洛因使用率,贫困青少年数,房屋空置率等,都是最高的。

该区域一些地方已变成医疗废物的倾倒区,小巷里的汽车漆店、垃圾回收店、废弃的房屋,也成为毒品走私和卖淫等违法行为的温床。该区域的失业率曾经一度高达 47%。这一区域还是酒品商店高度密集的地方——在不到 40 平方英里的地方,经营酒品的商铺就达 728 家,这一比率比该城镇其他地方高出 10 倍。曾经一段时期发生的民众骚乱还造成该地区众多房屋及其他设施毁坏,其中包括 200 多家酒品商店。当时这一骚乱的原因主要是先前的另一家社区联盟想借此发起一项正式的民众运动,以减少酒品商店的数量,重建该区域。

案例研究评估的设计

事实上,在所有的评估活动进行之前都会设计一系列评估问题,这些问题能够使研究人员在进行评估设计、资料收集与分析时有所侧重。但这些问题不在本部分讨论范围之内。然而,除却这些问题,还有另外一些与案例研究设计有关的议题需要考虑,而这些将是下文所关注的。

对"案例"的界定

案例研究评估的初始设计必须基于对所评估活动的全面了解,这些既可以是某些专门的活动,也可以是"案例"的结果,但都必须对其现实情境有清晰了解。

例如,在现实情境中,大多数活动都不是无中生有的,而是伴随一些相关的先行活动。在对"案例"这一概念进行界定的时候,首先就必须确定在何种程度上,这些先行活动可算作是"案例"的一部分或情境条件的一部分。不过,当这些相关的活动发生在多个地点时,这种界定就更加复杂。如在不同的几所学校同时实施同一门课程时,每一所学校开展这门课程的实践都可算作是一个单独的"案例",在这种情形下,案例研究评估就变成一个"多案例研究(multiple-case study)"。

本章所例举的具体案例中,"案例"的范畴包括该社区联盟及其为减少社区内违法违规行为所做出的努力。尽管该联盟成立已有一段时间,但本案例将重点关注联盟所发起的一项历时三年之久的专项系列行动——"重建运动(rebuild campaign)"。

案例的理论化:活动及其结果

在完成案例研究评估的始初设计工作后,下一步便是要对案例过程与结果的关系及其情境条件的作用进行理论化分析。在大多数情况下,这种理论化工作以逻辑模型(logic model)的形式出现,即对活动能够(或不能)产生预期结果这种可能的因果关系进行假设(Foundation,2004;Wholey,1979)。而一些更为复杂的案例将形成一个连环链,在这个连环链中,某组活动会产生一些直接结果,而这些结果又会促成后一组结果的产生。

对这种更为复杂的案例来说,清晰阐述这种逻辑模型是一项费劲但却值得做的过程:首先,由于逻辑模型要求说清楚具体的活动和结果,因而理清逻辑模型有助于明确案例研究需要收集的相关资料。其次,把逻辑模型琢磨清楚的过程,可以由评估人员与项目经理合力完成。这种合作不仅可以为双方提供一些双赢性建议,而且有助于减少双方的冲突。

一个典型的逻辑模型通常顺序如下:

- 投入(inputs,即用以实施某项活动所投入的财力或人力资源);
- 活动(activities,即所实施的、被认为能够产生相关结果的行动);
- 产出(outputs,即行动所产生的直接结果);
- 结果(outcomes,即最终能够证明该项活动合理性的大量有益效果)。

有关社区联盟这一实例的理论化

评估社区联盟的初始逻辑模型很直接。资源(投入)提供给联盟,使其有能力采取降低违法违规的公共行为的行动(活动)。在评估期间,该联盟就将打击与毒品有关的行为作为其优先的工作目标。

在实现这一目标的过程中,社区里毒品走私及其他违法行为发生机会的减少可算作活动的直接效果(产出)。非法使用毒品行为实质上的减少,则是活动的长期效果(结果)。而该联盟是如何开展毒品防制工作的,取得何种产出与结果,便是案例研究资料收集工作的对象。

案例研究评估的资料收集

资料收集的程序

案例研究评估很可能需要多种来源的现场资料。这些来源包括对服务人员或社区居民、社会指标等所作的现场调查、参与式观察及问卷调查等（尽管有关"社会指标"这一分类的信息都是来自于档案资料，但是这些指标的建立可能都是基于他人已经完成的现场调查工作，如他人收集的有关人口普查、社区、住房、就业、教育及犯罪记录等方面的资料，等等）。你应运用多个来源的资料，并判断这些资料能够覆盖案例"事实"的程度。在收集资料的过程中，无论是定量还是质性的资料，对研究来说都有可能是重要且相关的。

在实际收集资料的过程中，收集的资料应当考虑到对被评估活动的假设性理解。在进行资料收集工作时，按照假设的逻辑模型的"投入—活动—产出—结果"的顺序，将案例研究评估覆盖到被评估活动的过程及结果当中。而小规模试验及其他的初步试探，可以帮助确保资料收集工作的目标明确且有可行性。

目前，案例研究草案（case study protocol）常被看作是在实施案例研究评估时进行系统的资料收集工作的一个前期准备。案例研究草案涵盖资料收集的所有程序及其他的工具，但其最主要部分便是对评估人员（而不是任何调查对象）提出的一系列问题。这些问题是评估人员进行调查时的线索。之后，评估人员的任务便是将这些收集的资料整合起来，并针对草案中提出的问题做出回答。

通过这些工作得到的是一个单独的案例研究数据库，在形成数据库之后，便可编制最终的评估报告（参见 Yin, 2009,

pp. 118-122）。数据库既可以以叙述形式呈现,也可以以表格形式呈现,但其最主要的一个特点是数据库中所陈列的信息都包含明确的脚注说明或更为详细的信息参考（以帮助保留所需的证据链——参见 Yin,2009,pp. 122-124）。尽管数据库并不会向公众公开,但是必要时,它仍需要向其他研究人员公开以便进行独立审查。

收集的有关社区联盟的资料

社区行动框架。为对该社区联盟进行评估,研究人员通过现场调查收集大量资料,包括对联盟工作人员进行全面访谈,对联盟重要的档案和记录资料进行细致审阅,以及对联盟资助的活动进行观察,等等。

通过收集资料,研究人员发现,该联盟所投入的资源和实施的战略与其他的社区组织相比,独具一格。一般而言,其他的社区组织会提供一系列必要的服务（比如男孩和女孩俱乐部及其他的社区中心等）,而该社区联盟则遵循着一种社区组织模型（community organizing model）。这种模型的最终目标是要动员社区居民对社区内相关政策或政策领域的决策进行施压,比如说,提出支持（或反对）:

- 某位政治候选人;
- 某项法案或决议;
- 某项司法案例或裁定;
- 联合执行部门所欲实施的某项规定或行动等。

在地方层面,相关机构包含市议会（或地方立法机构）,州或地方法庭,市长或城市管理者办公室,以及地方机构等。联盟所欲实施的这种社区群众动员活动,在多年前就早已有试验和记录（如 Alinsky,1946,1971）,尤其是芝加哥进行的群众动员运动就成功推动了社区政治的变化。

在这种战略下,组织的目标便是设计和实施"主题活动"。通常,一项活动可能包含一系列的事件。每项事件都旨在使社会相关人士能够关注到这个问题,并通过吸纳更多的人力和财政资源来强化组织。同时,组织还可借助媒体力量来报道每一事件及整个活动。每一事件都代表着一个争取积极结果或"成功"的机会,而组织也想累积"成功"。这种"成功",能进一步提高组织的声誉和力量。通过这种方式,一段时间后组织就可在一些领域集聚影响力,比如:政治和司法问题、消费者问题、法律或法规规定(包括法院裁决)等,甚至可以左右媒体报道的内容。

本章中所例举的联盟,以某一社会动乱时期为契机,在这段社会动乱时期,社区的房屋及其他的设施都遭到破坏,其中包括关闭 200 家曾经云集社区的酒品商店。该联盟以此次社会暴乱为契机,发起一项正式活动重建本区域(重建运动),但对酒品商店的重建关注度不同。

在重建运动所针对的区域,这些酒品商店至少从两个方面造成社区的秩序混乱。首先,啤酒、葡萄酒及烈酒的销售,通常伴随着商店周围闹事、无秩序及其他不当行为的发生。其次,一些酒品商店经常还成为流氓集中的场所,招来一群毒品商人,导致毒品交易等一些犯罪活动。

联盟的活动。收集的资料显示,在社会动乱发生一年后,联盟不仅发起重建运动,还举行一系列的社区集会,包括为解决非裔美国人社区内可卡因问题的大型会议,会议吸引 250 余人参加,其中很多人都是代表着其他组织而非个人参会。

该联盟还发起一系列活动,作为联盟的社区组织战略的一部分。包括为把居民召集在一起所做的尝试,如挨家挨户调查、鼓励居民参加有关社区重建和酒品商店重建的公开会议等。比如,大多数的酒品商店在其营业许可证重新生效和获得重建许可前,都必须召开两次或两次以上的听证会。

之后,联盟的领导人与市长办公室、城市规划委员会及酒精饮料控制委员会的工作人员会晤,一起讨论重新颁布酒精许可证标准的问题。在最初的几次会面过程中,联盟人员拿出一张 25 000 人签名的请愿书,呼吁在新规定生效前暂停重建酒品商店及颁发新的许可证。

其中一些规定——如某家酒品商店被发现向未成年人做生意时,应当加重处罚力度(即延长吊销营业执照的时间)——要求建立起新的地方法规。此外,联盟还呼吁建立地方法规,要求重建的商店通过设立保安、提高照明条件及更好地控制违法犯罪活动来改善经营面貌。在随后的一年中,该联盟对公民进行培训,培训内容包括收集证据、准备简报,在上述及相关的司法、立法听证会上做公开证词。最终,该地区的市议会通过其所需的立法。

接着,酒品商店的店主们对市议会插手这些问题的权力提出质疑,并上诉到地方法庭要求法庭禁令市议会参与这些问题,但地方法庭驳回酒品商店的诉求。后来,酒品店店主又上诉到州上诉法庭,要求推翻地方法庭的决定,但州上诉法庭同样予以驳回。而且州上诉法庭还另提出一项郑重声明,支持地方政府在处理地方违法犯罪问题中的权力。南加利福尼亚州其他城市也效仿这一做法,借助地方法庭的规定,对其社区的酒品商店执行更加严厉的管理标准。

在所有这些活动中,联盟都强烈要求社区居民积极参与所有相关的听证会议,用他们的声音支持社区颁布新规,到目前为止,该联盟已与当地的媒体、网络和公共电视新闻记者建立稳固的关系,使重建运动获得更高的社会关注。

除重建运动外,与此相关的是该联盟收到州卫生保健部门发来的一份合约,要求联盟支持另外一项社区行动,即辨别拥有销售烟草产品标语,但可能会向未成年人出售烟草产品的酒品商店。于是,联盟组织了几次会议,把这类商店的店主召集起来,呼吁他们意识到自身的责任,并要求他们将此标语从店前和橱窗中撤除,尤其是那些在公立学校或学生上学和放学路线附近的商店。

案例研究评估的资料分析

资料分析的步骤

在案例研究过程中,资料的收集和分析工作通常都是交织在一起的。原因在于,那些新收集到的现场资料可能会对基于前期收集到证据所做出的试验性解释提出直接质疑。在整个资料收集工作中,案例研究评估人员更多地扮演着"侦探"角色而非"研究助理"角色,要对收集证据的充分性及意义进行判断。因此,成功的案例研究评估人员更像是一个勤奋的调查人员,不仅要懂得调查的目标,并能在证据来源多元化情况下筛选出相关的证据,而且还要全面记录调查所采用的方法步骤,以保证即使证据来源多元化,但资料收集的步骤始终如一。

数据分析可以遵循几个步骤,但在把数值数据输入电脑,并允许计算机软件计算出所需的统计数据时,没有公式化的解决方案。相反,案例研究的分析通常分析叙述性或图表性资料,而不是数值性资料。尽管有一些实用性的计算机软件是专门针对叙述性资料的编码和汇编的,但评估人员必须对这些软件做出指令,规定其做出特定的编码和汇编(参见:Yin,2011年,第 8 章)。

一旦案例研究的资料完成整理和编码,案例研究评估人员就可以采取多种分析战略,如解释构建(explanation building)、模式匹配(pattern matching)、按时间序列定序(time-series sequencing)等(参见 Yin,2009,pp. 136-156)。比如,评估人员可以运用模式匹配对比各变量间假设与事实观测的关系,不管它们是过程变量还是结果变量,都可以使用这一分析方法。如果是结果变量,这种模式匹配与一种准实验设计——非等值因变量设计（nonequivalent dependent variables design）并无太大区别，从这个方面来说二者还有所重叠（Cook & Campell, 1979, p. 118）。

对社区联盟资料的分析

产出。该社区联盟行动的直接结果（产出）是，强化酒精饮料控制委员会在向酒品商店重新颁布营业执照时提出新要求的能力。这些新要求即包括前文提到的加强处罚力度的规定，同时还包括其他几项新规定，如要求重建的酒品商店必须设立保安（以降低不良行为和潜在的犯罪活动）、改善照明及更好地控制违法犯罪活动。进而，委员会现在有更多权力来实施这些规定。

联盟行动的另一个后续但仍算是早期的结果（产出）是，酒品商店营业执照颁发数量的减少。由于要求更加严格，原有的200家酒品商店中只有56%重新获得新的营业执照。这样做不仅使酒品商店被认为更安全，同时也意味着酒品商店的数量变少了。

对事件流程的分析发现，从联盟发起重建运动到公众参加听证会，再到媒体加大对该问题的关注，各事件的分析结果都支持着同一结论：该联盟既便不是促进酒品商店数量减少及质量提高的最主要因素，也是主要因素之一。而一些其他看法——其他社会机构在促成这些结果的过程中扮演着更为有效的作用——并不存在。随后，其他社区在实施类似活动时请求联盟为其提供指导和协助，也进一步肯定了联盟工作的中心地位（见材料框22）。

长期性结果。在联盟开展重建运动的前后两年，案例研究评估人员对附近学校8年级和10年级学生酒精及其他非法药物的使用情况进行调查，以掌握该联盟行动的长期结果（见材料框23）。同时，评估人员还从对比组社区学生群体中收集类似的资料。对比组社区位于附近一个经济与人口状况与前者相似的地区，只是该社区并没有任何类似联盟的社区组织。

材料框22　从案例研究中归纳结果

在实施案例研究调查时,将碰到的最大挑战之一是要明白能否以及如何从小数量的案例研究中得出结论,尤其是来自数量更少的单一案例研究的结论。在此,人们顾虑的主要问题是案例"样本"数量太小,而无法推广结论。然而,把这些案例当作样本(某些已知的且更大群体的样本)这一想法本身,便是错误地看待这一挑战的开始。

相反,就分析层面而非统计层面而言,案例研究的结果是可以被归纳的。在本章中,社区联盟的行动战略遵循着一种毒品预防的公共健康模式(尽管该联盟并未明确地给其模式冠以此名)。这种模式基于一种理论,即只有对个人的环境做出改变,才能实现毒品预防工作的成功。这种理论与个人主义的理论截然相反,后者呼吁人们应当首先改变自己的行为,而不管事实上个人可能是某些公共健康问题的受害者而非作恶者。

本章中所例举的联盟的行动战略(旨在减少监管松懈的酒品商店),就代表了公共健康模式实际应用的一个例子。而其研究结论也可推广到其他类似的活动中,比如清除积水(以预防蚊虫类疾病的扩散)、整治污水供应、取缔未成年人聚集地的香烟贩售机,或禁止在加油站兜售冰啤酒以减少交通事故等。所有其他类似的分析模式(而不是统计模式),同样也表明可以实现案例研究结论推广的其他情形。

(详见Yin,2009a,第2章"从案例研究推广到理论"部分)

通过对联盟所在社区及邻近社区8年级与10年级学生毒品使用情况的对比发现,二者间并不存在明显的统计学差异。虽然联盟所在社区的酒精使用率有所下降,但其下降的程度与对比组社区并无明显的差异。

材料框23   **量化与质性研究**

质性和量化研究的两分法,已成为社会科学中的一个讽刺。质性研究,包括案例研究在内,被称作是"软"社会科学,它经常面临资料不足的情况。而量化研究则被认作是务实的、以事实资料说话的、以结果为导向的真正科学的研究。

本书认为,案例研究既可利用质性资料,也可利用量化资料(本章中,现场调查涵盖联盟所采取的社区行动,以及为确定毒品使用率是否有所下降而开展的大规模调查)。因而,质性(分类性数据)与量化(数值性数据)二者间截然不同的特征,并不是两种不同的研究方法的属性,而是两种不同的数据类型的属性。

将关注点放在数据类型的差异上,能够最大程度地减少质性研究与量化研究之间无意义的论争。质性研究同样也可以务实、靠事实资料说话,以结果为导向。同样地,量化研究在样本量不足或特定变量不够理想的情况下也会变"软"。而这些都只是好的或不好的研究的属性,而不是两种不同研究类型的属性。

(详见 Yin,2009a,第1章"作为研究方法的案例研究的不同分类"部分)

结   论

在完成所有的资料分析之后,案例研究评估的最终结论是,该社区联盟成功地改变与毒品行为相关的社区条件,但至少在评估期间,这些条件并没有使学生毒品使用行为产生变化。该评估最后指出,最终的结论可以通过对这些8年级和10年级学生的进一步后续调查进行完善,尽管这些调查已超出了评估的范围。

幕后故事:以媒体报告为证据

在一些案例研究中,"案例"——就如本章中的社区联盟——可能与大量的媒体报道有关。在进行案例研究时,地方、社区的新闻报纸、电视媒体都可以成为有用的信息来源。全面研究这些信息,具有重要的作用。例如,它们至少能够提供重要的日期、拼写无误的名字及相关人物或组织的头衔。而新闻和媒体报道还可以提供与案例有关的重要细节信息,但你需意识到这些信息来源可能有偏好——比如选择报道或不报道哪些内容。

若信息来源于全国性的报纸和电视媒体,那么,你就可以更确信这些信息的准确性。但当你在使用其他一些常用性资料作为信息源时——主要是不同网站上所提供的电子信息,你应更加小心谨慎。在使用这些网站信息时,你需要格外留心这些网站本身是否对信息的精确性和可信度带来影响。

课堂讨论和书面作业

从你所在的社区中寻找一个最近发生的、高度公众性且有争议的事件。通过新闻、网络或其他类似来源,收集两三个针对该事件的不同报道。比较这些不同报道,看它们是否在报道内容的全面程度、编辑的侧重及内容、有关事件的信息、所引用的相关人士的言论及其他信息方面有所不同。最后提出你的结论,这两三个不同报道是否以及为什么应全部被引用,以对该事件形成一个公正客观的认识,又或者,这两三个报道都是大同小异的,只需要引用其中一个就可以了。

14

跨区机动车防盗联合小组

    执法服务同样也是案例研究评估的对象。在评估分析中，通常遇到的问题是：(a)外部资金(例如联邦政府给予地方警察局的拨款)可能带动的(b)一项创新型实践产生的(c)期望的和可记录的效果。对此，案例研究不失为理解这一假定关系的可行方法。

    本章的案例研究以美国14个郡县联合组建的打击机动车盗窃专案组为例，该专案组使得14个郡的司法部门对机动车盗窃案有跨辖区审理的权力。案例研究得出两点结论，一是联邦资金促成了这个空前的、多郡县参与的联合专案组的建立，二是这项联合行动确实有效遏制了该地区的机动车偷窃行为。本章将以适当的篇幅，说明案例研究是如何得出这两点结论的。

    在理解案例的一系列证据中，关键是要认识到现实情境的复杂性。例如，第一个论断，其实在联邦给予资金支持之前，州相关部门已提供过资金支持，但这些资金并没有用于多郡专案组的建立或必要设备的采购。尽管州级资金确实扩充了地方财政，帮助地方雇用更多的警察来充实专案组，但对于专案组的建立，联邦资金更是起着催化性作用。此外，若不是某位新任警长看到联合多郡县力量的必要性，并建立专案组，所有的行动也难以实现。

现实情况

在德克萨斯州的中部地区,有四条主高速公路在此汇合,这给那些跨州和跨国的机动车盗窃犯提供了便利。例如,从特拉维斯郡(包括奥斯汀市)盗窃的机动车往往被运送到附近偏远的郡县。当机动车被转运到这些地方后,车辆识别码(VINs)将被修改,以便转手出卖。此外,车身还会被"大卸八块"贩卖(用于零部件贩卖,一般这些机动车零部件在黑市上比整车还要值钱)。偏远的农村地区(尤其是机动车盗窃行为较少且执法力量薄弱的地区),为那些支持有组织地从邻近郡县盗窃机动车的赃车拆卸厂提供了最佳地点。本案中所研究的几个郡辖区都很大,平均面积超过 700 平方英里,而每平方英里的人口密度则不足 10 人。

此前的辖区内执法活动

几年前,德克萨斯机动车防盗中心(简称 ATPA)向全州的机动车保险功能是每年参保车征收 1 美元,在全州范围内资助了若干项目以减少机动车盗窃活动。符合 ATPA 赞助条件的项目类型,包括与机动车盗窃行为相关的执法/拘押、起诉/判决、公共教育、制止销售赃车零部件以及减少偷运到墨西哥的赃车数量等(见材料框 24)。

ATPA 的资助主要是针对单个地区的(市或郡)。但是机动车盗窃网络往往跨越区域边界,并将赃车从人口密集的区域转运到农村地区,这提升了其逃避打击的可能性。另外,专项资金一般用于人员的工资,而不是购买设备。

专项资金的分配是刻板的,主要根据每个地区失窃车辆的统一犯罪报告进行分配,农业和工业机械的失窃以及找回车辆的地点未被考虑进来。在很大程度上,此前的专项资金侧重于资助预防窃车和抓现行偷车犯,但很少注意跨区域严打设在人烟稀少地区的赃车拆解和改装的有组织犯罪活动。

材料框 24　**多个来源的证据**

　　本章所收集的关于 ATPA 的资料皆来源于相关的档案资料。但这部分资料仅是原始案例研究的一部分。在案例研究中,其他的资料来源还包括直接的现场观察、访谈特别小组成员、审查关键的档案资料(如后文提到的"地区间援助协议(Interlocal Assistance Agreement)"等)。

　　利用多个途径可以帮助案例研究收集更多更有效的资料,本书中几乎所有的案例研究皆通过多种途径收集。总地来说,案例资料一般源于六个方面:历史文献、档案记录(比如某服务配送系统有关客户的计算机记录)、访谈、直接观察、参与式观察以及物理影像(比如在有关房屋的研究中对于房屋实际情况的资料)。案例研究的发现、解释和结论都建立在多个资料来源的基础上时,能更好地避免单一资料来源的研究中所遇到的问题,如被访人选择得不够准确,或文献资料本身有偏见等。

(详见 Yin,2009a,第 4 章"原则 1:使用多个来源的资料"部分)

跨区域打击偷车活动

　　意识到必须跨郡合作打击与机动车相关的犯罪活动之后,德克萨斯州中部的特拉维斯郡警长办公室于 1997 年提议对机动车防盗部门进行扩建,组建机动车防盗跨区联合专案组(简称 SCATT)。该专案组共包含 14 个郡县的执法机构,分别是巴斯特罗普、贝尔、布兰科、伯奈特、考德威尔、科罗拉多、科马尔、费耶特、海斯、李尔、拉诺、米拉姆、特拉维斯以及威廉姆森郡。在美国联邦政府的"地方执法专项拨款项目"(简称 LLEBG)的资助下,该联合行动专案组开始正式实施执法活动。

　　SCATT 是德克萨斯州为数不多的几个跨区域执法力量之一。德克萨斯州内各郡都有其独立性,因而有说法认为 SCATT 可算是本州历史上第一次跨区合作活动。在组建 SCATT 之前,与机动车防盗有关的执法行动都是被动的,只不过是为了应付统一犯罪报告系统的需要。已有资料显示,大部分的机动车盗窃案均发生在特拉维斯郡(人口 71 万)人口稠密的地区,以及贝尔郡(人口 22.3 万)和威廉姆森郡(22.4 万)部分地区等。而其他 11 个郡的人口加起来总共还不到 40 万,在这些地方即使机动车盗窃是个问题,但由于犯罪率低也难以引起公众注意,或根本就缺乏必要的资源以应对机动车盗窃行为。

一项补充性计划

消除机动车盗窃援助项目(简称 HEAT)是一个全州性车辆登记计划。该项目于 1993 年开始实施,旨在帮助执法人员识别特拉维斯郡及周边郡的被盗车辆。参与该计划的车主会签订一份协议,承诺在早上 1 点至 5 点时段,或在跨越墨西哥边境时,执法人员有权临时拦检车辆。车辆的后窗上粘贴车主身份标志,以使执法人员能够拦检车辆并核实车主。通过在 14 个郡开展相关的公众教育,提高防盗意识,HEAT 是 SCATT 的一个预防机动车盗窃的主要措施,该项行动发现,94% 找回的赃车都与业余的、临时起意的偷车贼有关,而其余 6% 的赃车则与有组织的犯罪网络的专业窃犯有关,而这也正是 SCATT 打击的主要目标。

实施联合执法活动

在 1996 年,特拉维斯郡新上任的警长认识到,虽然本郡的机动车盗窃犯罪数量正有上升,但赃车的追回率却并未上升。由于特拉维斯郡对非法车辆拆解场的严厉打击,许多拆解厂搬迁到其他郡县的空旷地——超出了特拉维斯郡机动车防盗部门的执法范围。

尽管以前没有过联合执法的经验,但特拉维斯郡的警长认识到,有必要改善不同郡县执法部门之间的通讯联络,因为牵涉有组织犯罪的盗车网络是跨区域的。但周边其他郡县财政紧张，无法建立兼容的无线通讯系统或临时就接入特拉维斯郡的系统。给有关执法人员配备移动电话是最可行的办法。然而这部分花费也成问题，因为特拉维斯郡周边大多数的郡县人口不足 3 万，挤不出设备预算，特拉维斯郡的预算审议机构也不大可能同意把本郡的财政预算用于此项开支——哪怕钱很少。

支持 SCATT 成立的 LLEBG 基金赋予了特拉维斯郡更多的灵活性，它允许特拉维斯郡有支配本地经费的权力，包括购买必要的装备以提高特拉维斯郡与周边郡县之间的沟通。基于 LLEGB 的经费，特拉维斯郡又向 ATPA 申请经费用以发放将被派遣到 SCATT 工作的员工工资。LLEGB 与 ATPA 的经费，使最初的机动车防盗预算有了较大增长，从 1996 年的 16 万美元增长到 1997 年的 35 万美元，1998 年的 40 万美元，及 1999 年的 49.7 万美元。

LLEBG 的资金，适时为特拉维斯郡提供了资金支持和更多的灵活性。在最初 6 个月，特拉维斯郡到处说服各郡，吸引各郡参与到跨区联合专案组中，而后，特拉维斯郡又真正实现将 LLEBG 资金与其他 13 个郡共享，以供各郡购买与行动配套的必要装备。

SCATT 成立于 1997 年。之后由各郡派出一名代表，14 个郡共同成立一个管理委员会，并选举特拉维斯郡的警长作为委员会的常任主席。成立后，SCATT 便被赋予如下权力：实施调查，在没有逮捕令的情况下实施逮捕，发布搜查令，以及开展为了达成打击机动车犯罪目标而进行的合理或必要的其他跨区域执法活动的权力。

为支持 SCATT 的活动，14 位警长共同签署"地区间援助协议"，且 SCATT 还向一些规模较小的郡提供打击机动车盗窃活动所需的装备和警力。过去，人口较少的郡县根本没能力独立负担调查或减少偷车嫌疑犯的活动，无法对嫌疑犯进行跟踪调查。他们也没有能力提供深夜或凌晨巡逻的警力。在他们看来，机动车盗窃主要是特拉维斯或奥斯汀郡的犯罪活动，因此不愿把有限的资源用于打击机动车失窃案件。随着 SCATT 成立并开始运作后,边远郡县开始意识到自身在打击更大规模的有组织的犯罪网络中的角色与责任。同时,他们也开始关注自己辖区内大型农业机械、建筑机械的失窃案,在以前,这类失窃案大都没有报案,并且常常是失窃发生几天后,失主才意识到盗窃的发生。

SCATT 全面的工作网络不断鼓励各郡间的联络,提供有关车辆失窃的预防、侦查和拦截信息。每个郡都有联合行动专案组的成员,接受特拉维斯警长办公室的领导。由于联合行动专案组成员都从当地招聘,所以他们都熟悉当地的环境,也能够形成郡县间信任和合作的良好氛围。

专案组最初的注意力是打击机动车盗窃活动,而这些行动为之后的其他执法合作铺平了道路(比如,SCATT 发现,从机动车盗窃中的盈利与购买,和分销违禁药品有关),并促成 SCATT 与美国缉毒局(简称 DEA)、美国酒精烟草枪械管理署(简称 ATF)及其他类似州级部门之间的合作。此外,特拉维斯郡还通过犯罪实验室帮助 SCATT 警长调查除机动车盗窃外的其他犯罪活动。

在实施案例研究时,SCATT 正在召开每月的正式例会,以确定优先行动的项目,安排合作计划。如果需要,其他的一些执法机构(比如美国律师事务所)、毒品执法机构、美国缉毒局、德克萨斯巡逻队(以及海关等)也会参加每月的例会。作为日常调查工作的一部分,SCATT 的成员也可以通过联席会议与他们在这些机构中的同行开展合作。

若没有联邦政府提供的地方执法专项经费,也许最初的联合行动就无法实现。目前,SCATT 成为 14 个郡县的常设机构,并且得到地方和州政府的支持,今后,SCATT 也可以不再需要联邦政府的地方执法专家经费的资助。

截至目前的成果

SCATT 能够极其有效地提供拦截、训练、救援、交通调度、秘密调查、安全意识培训等服务。

从 1997 年 9 月到 1999 年 4 月，SCATT 共举办了 31 个培训班，共培训执法人员 665 名（其中许多都是来自于 SCATT 区域以外的其他郡县），摧毁了 18 家非法车辆拆解厂，追回了价值 750 万美元以上的被盗车辆，追回赃物 55 万美元。1999 年 6 月 17 日的《奥斯汀美国政治家》杂志是这样描述机动车防盗联合专案组的成果的：

执法人员逮捕至少两名盗窃团伙的嫌疑犯，该团伙在过去的 6 个月内从特拉维斯郡和威廉姆森郡共偷窃拖车、装载机数辆，反铲挖土机 1 台，价值 40 万美元……同时，这几名盗窃嫌疑犯还涉嫌走私毒品脱氧麻黄碱。

下面几组数字简要概括了 SCATT 在 1998 年到 1999 年取得的成绩，并显示出先前的目标如何被不断超越：

- 培训：共举办 23 个培训班，培训执法人员 383 名。原定目标——机动车防盗联合专案组将举办 18 个培训班，对 14 个郡县的执法人员进行培训，训练他们发现赃车、侦破窃案、追回赃车的能力。

- 公众意识：举办 38 场展示会。原定目标——机动车防盗联合专案组与犯罪预防官员、社区治安管理、相关媒体共同行动，组织 24 个展示会，教育居民如何防止机动车盗窃及如何对付毒贩和枪械走私。

- 检验废旧汽车停车场：共检查过废旧汽车停车场 117 次。原定目标——机动车防盗联合专案组将对以下与汽车相关的场地、企业进行 80 次检验：

A. 无照经营的废旧汽车回收厂。

B. 有照经营的废旧汽车回收厂。

C. 机动车维修及配件商店。

D. 事故汽车停车场。

E. 机动车修理厂。

F. 机动车拍卖公司。

G. 二手车交易市场。

H. 废钢铁回收站。

- 检查站:设立 45 处机动车检查站。原定目标——机动车防盗联合专案组将设立 12 处机动车检查站;由于周边检查站的法律和合法性,将通过以下操作来开展检查站工作:

  A. 检查驾照及车辆超载情况。

  B. 检查行驶证。

  C. 检查停车场。

  D. 检查通过渡口的车辆。

  E. 在检查站前设置"前方检查站"标识。

  F. 公路拦检。

- 车辆拆解厂:查获 9 家非法车辆拆解厂。原定目标——机动车防盗联合专案组将在 14 个郡内搜查 5 处非法车辆拆解厂。

- 情报讯息:提交 9 份情报。原定目标——机动车防盗联合专案组将把 14 个郡县的窃案情况,通过《特拉维斯郡盗窃案简报》通报给其他有关执法当局。

- 机动车盗窃案发案率降低:在获得拨款的第一年,一线警员在辨认被盗机动车方面获得极大成功。在第一季度,SCATT 执法人员破获机动车盗窃有关的案例 6 件,而在第二季度,增长到 18 件。特别小组在头两个季度里对盗窃疑犯实施逮捕共 4 次,并检查 69 个废旧汽车停车场,追回价值近 240 万美元的赃车 232 辆。从 1999 年年初至年中,机动车盗窃案发案率下降 25%(1998 年,每 100 000 人中平均有 368 人次车辆失窃,下降到 1999 年的 276 人次)。原定目标——降低 14 郡县的机动车盗窃案总发案率。

大事记

- 1991年：根据德克萨斯州第79条立法规定成立ATPA，以打击本州猖獗的盗窃车辆犯罪行为（从全州范围来看，1991年共报告机动车盗窃案164 000起，平均每辆被盗机动车损失价值为5 000美元）。

- 1992年：特拉维斯郡获得ATPA首笔专项基金，用以支持机动车防盗部门的运转。

- 1993年：ATPA赞助"当心你的机动车——遏制汽车盗窃"活动。在机动车后视镜上贴上标识，授权执法人员于凌晨1点到5点根据需要拦检其车辆。

- 1996年：特拉维斯郡新上任的警长探索建立跨区域联合行动专案组，以打击机动车盗窃行为。

- 1997年：特拉维斯郡获得地方执法专项补助经费，经费被用于购买移动电话及其他通讯设备。SCATT成立。14郡共同建立管理委员会，由各郡派一名代表参加，并选举特拉维斯郡的警长作为委员会常任主席。在地方执法专项经费的资助下，SCATT设置了两个专任官员。

- 1997年："跨地区间援助协议"授权SCATT跨辖区实施必要的执法活动。

- 1997年：为支持多郡间联合活动的扩大，防制机动车盗窃案的预算从16万美元增加到35万美元。

- 1998年：ATPA对特拉维斯郡的经费补助增加到40万美元。

- 1999年：SCATT的经费预算增加到49.7万美元，用于支付8个执法人员及1个公共事务管理机构的开支。

- 2000年：SCATT不再需要地方执法专项经费，其作用已延伸到除打击机动车盗窃之外的跨区联合行动。

幕后故事:学习创新

案例研究评估为研究人员提供一个研究不同创新实践的机会,从这个意义上说,就如本章例举的德克萨斯州为打击机动车盗窃而成立的多郡联合行动专案组。

本章所报告的案例研究的赞助者认为,案例研究方法相较于其他方法而言,更能捕捉到与这些创新实践有关的(过程和结果的)经验,这是因为这些创新实践本身的特征,它们的新颖性甚至独特性很难用其他方法捕捉到,如调查法、实验法等。

调查法之所以不大可能抓住这些特征是因为,创新实践活动可能难以保证有足够的参与者进行一项调查研究。而实验法之所以也是这样的,是因为实验设计可能需要过多的时间,同时,实验往往还需要将实验过程进行调整以满足实验设计的需要。相反,案例研究能很好地适用于创新的研究,不论是创新性的实践、创新性的政策,还是其他类型的创新变革。

课堂讨论和书面作业

假设一项创新性的实践,比如新的教学方式、新的社区行动,或者某企业的新变革等,并假设该创新实践绝对是独一无二的——也就是说,以前从未在任何场合尝试过。讨论运用以下三种不同的研究方法:案例研究、调查或实验(或准实验)来对这项创新实践进行研究,分别具有哪些利弊。

15

对艾滋病社区规划的技术援助[①]

　　本章的跨案例综合分析包括 8 个解释性案例研究的发现。每一个案例研究都以某一项技术援助(technical assistance,简称 TA)行动作为分析单位。这些援助行动的形式通常是由某技术援助提供方(一个或多个组织的联合,这些组织都是美国疾病控制与预防中心[简称 CDC]组建的技术援助网络的成员)对接收方(州级社区规划组织,简称 CPG)进行援助。援助提供方旨在通过技术援助,帮助社区规划组织建立自己的艾滋病(HIV/AIDS)预防服务拨款年度计划。

　　一项技术援助行动通常要历时数月,经过多次活动。技术援助的类型包括研讨、咨询、护理、提供教材,有时还同时使用以上方法。

　　本章开头的跨案例研究综合分析首先介绍 8 个案例研究的理论框架,尤其是技术援助行动的预期结果。其后,将通过复现逻辑呈现各个案例的基本资料,总的评估问题需要将整个技术援助网络作为一个整体而不是单项技术援助来解释其表现。此外,该跨案例研究的一个独特之处还在于,竞争性解释的明显特征是观察结果的替代性原因。

　　在评估开始以及各单独的案例研究开始前,跨案例研究综

---

① 该跨案例分析研究报告的原文刊登于《疾病控制与预防中心技术援助网社区规划评估的最终报告》,第 1 卷,COSMOS 公司,1997 年,其撰写者为罗伯特·K.殷。为了增强可读性,本章对该研究报告进行了一些改编。——作者注

合分析对 8 个案例分别提出一个假设并收集相关资料。在分析资料的基础上,跨案例研究综合分析得出相应结论。之所以提出这些假设,不仅仅是为了对技术援助(TA)网络的工作做出大致判断,更为了对技术援助网络未来工作的继续完善提供建议。

导论:技术援助(TA)效果的评估框架

对结果进行界定

任何预防艾滋病的努力,它最理想、最有意义的结果,自然是艾滋病发病率降低。所以从这一意义上来说,评价技术援助网络(TA Network)的效果,自然要以艾滋病发病率是否降低作为衡量依据。

然而,以艾滋病的发病率是否有所下降作为唯一的评估依据,是不合情理的(也是不可能的),因为技术援助网络往往并不是把降低艾滋病的发病率作为其直接的目标。事实上,从逻辑上来看,技术援助仅仅发生在一长串复杂过程的早期阶段,整个复杂的过程实际包括如下一系列步骤:

1. 美国疾病控制与预防中心要求各州必须要建立社区规划组织,实施社区规划活动。技术援助网络帮助社区规划组织进行社区规划。

2. 规划活动的成果之一是一项"综合预防计划",由美国疾病控制与预防中心每年进行评估。根据社区规划组织对社区现有需求和服务的分析,在计划中明确预防资源如何在各类防治艾滋病机构之间进行分配。

3. 州或当地卫生部门联合社区规划组织根据计划大致分配预防资源,主要用于支持艾滋病预防服务。

4. 在得到相应的资源后,有关部门便开展艾滋病预防服务。为达到预定效果,服务必须:(a)合理设计,正确定位优先服务人群;(b)顺利实施;(c)克服各种困难,以降低艾滋病感染率。

5. 只有当以上所有步骤都顺利实施后,所期望的最终结果——艾滋病发病率的减少——才可能实现。

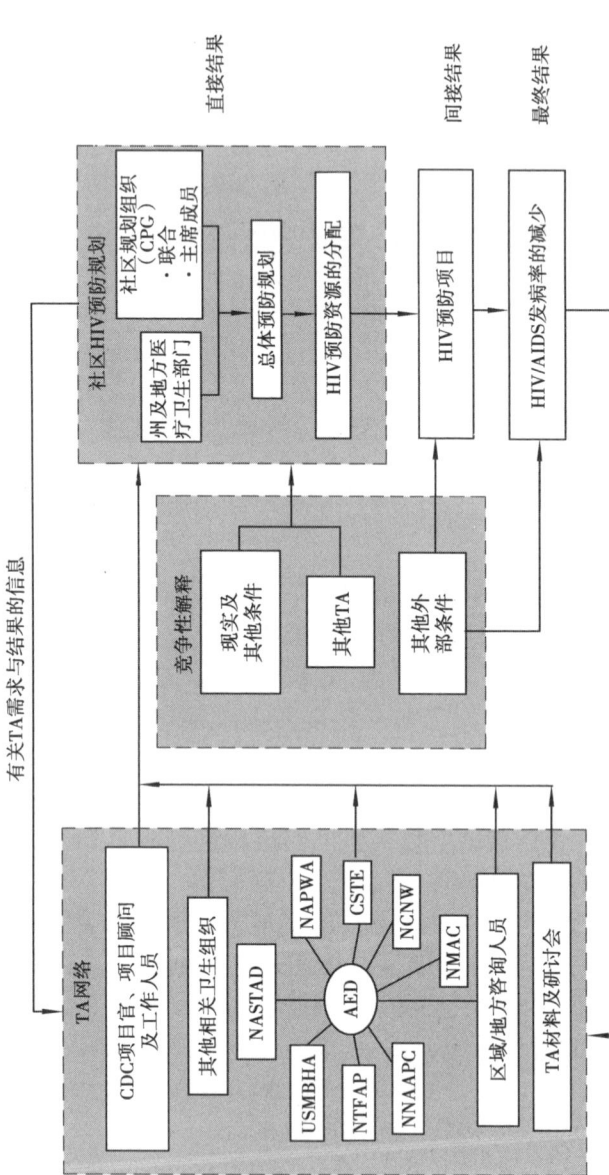

图 15.1 步骤间关系的逻辑模型

AED=教育发展研究院（Academy for Educational Development）；CDC=（美国疾病控制与预防中心）Centers for Disease Control and Prevention；
CSTE=（州与区域流行病和学专家委员会）Council of State and Territorial Epidemiologists；NAPWA=（全国艾滋病协会）National Association of People With Aids；
NASTAD=（全国州与区域艾滋病董事联盟）National Alliance of State and Territorial AIDS Directors；NCNW=（全国黑人妇女委员会）National Council of Negro Women；
NMAC=（全国少数族裔艾滋病委员会）National Minority AIDS Council；NNAAPC=（全国印第安人艾滋病预防中心）National Native American AIDS Prevention Center；
NTFAP=（全国艾滋病预防特别小组）National Task Force on AIDS Prevention；
USMBHA=（美国—墨西哥边境卫生协会）U.S.–Mexico Border Health Association.

图 15.1 以逻辑模型形式列出以上步骤间的关系。技术援助网络的技术援助工作主要发生在这一系列过程的早期(见图 15.1 中的"HIV 社区预防计划"),而最终期望结果则发生在第五个步骤(见第 3 栏的最下方)。这一关系说明,技术援助网络的工作与艾滋病预防工作最终期望结果间存在差距,即社区艾滋病发病率的减少与技术援助网络的工作之间很可能只存在间接的关系。预防工作的结果更可能受到其他因素的影响,包括干预步骤的方式。因而,艾滋病发病率的减少并不是评估技术援助网络是否有效的最佳标准。

基于这一理论框架,以社区规划过程本身的成功作为结果来评价技术援助网络更好。社区规划过程包括的三个功能,也是本案例研究的评估对象,主要指:(1)社区规划组织运转良好,(2)改善的规划过程,(3)能改善综合预防计划并更好地分配艾滋病预防资源。

艾滋病预防工作的理想结果可能来源于技术援助网络提供的以下技术援助工作:

- 正式的需求评估。
- 为艾滋病预防工作设定明确的优先目标。
- 在规划过程中,考虑针对所有易感人群的公平性、包容性及代表性(parity, inclusion, representation, 简称 PIR)问题。
- 对当地人口建立健全的传染病档案。
- 通过规划过程增进地方艾滋病群体间的合作并减少冲突。
- 遵守美国疾病控制与预防中心正式发布的社区规划指南。
- 配合美国疾病控制与预防中心对于社区规划组织计划的年检工作。

案例的选取

为评估技术援助网络的工作,本研究选取 8 个案例。每个案例都涉及一种确证产生理想效果的技术援助形式作为分析单位(见材料框 25)。也就是说,从 25 个案例中选取的这 8

材料框25   作为分析单位的案例

本章的8个案例研究,都与8个州不同的组织向公共卫生机构提供技术援助有关。然而,案例分析的单位既不是机构,也不是组织。相反,每个案例的重点在于特定的技术援助形式,它们才是真正的分析单位。

在进行案例研究设计时,最重要的问题是界定分析单位。例如,本章的技术援助案例研究中,相关的资料应当是有关技术援助行动的,而有关这些组织或公共卫生机构的资料则更多地是充当背景信息。同样地,案例研究的结果也将与有关的技术援助行动有关(应注意,在案例研究末尾所提出的假设也都是有关技术援助行动的假设,而非这些组织或公共卫生机构)。从这个意义上说,案例研究中的"案例"与非案例研究中的分析单位并无区别。

(详见 Yin,2009a,第2章"分析单位"部分)

个案例都是典型的,而不是有代表性的。尽管这些案例是典型性的,但仍然期望它们能够反映技术援助的各种模式和主题。

该研究致力于考察技术援助网络如何产生理想的成果,并由此来解释技术援助网络的工作成效。在实施研究的过程中,评估小组还提出一系列被认为与达成理想结果息息相关的假设(见材料框26)。

收集数据

在每个案例中,评估小组实地调查每个得到技术援助的社区规划组织。同时,评估小组还与美国疾病控制与预防中心时任技术援助主管进行讨论。实地调查过程中,评估小组访谈技术援助行动中主要参与者,并收集相关的文件与档案资料。案例研究追踪真实的事件过程,超越那些主要依赖开放式访谈而难以反映参与者感受的实地调研。

材料框26　　**多案例研究：复现而非抽样逻辑**

本章所选取的 8 个案例遵从的是复现逻辑（replication logic）而不是抽样逻辑（sampling logic）。这意味着，之所以选取这 8 个案例，是因为预计他们有积极的效果。所以，这些案例研究以及其后的评估研究都假设，如果遵循同样的程序，就一定能同样有效地预防艾滋病（直接复现，direct replications）。如果多个案例中都可以发现这种复现，那么你就可以对全部结论有更多的自信。如果多个案例甚至多个研究的结果都是一致的，那么研究结果才能被认为是站得住脚的。

案例研究的复现逻辑直接借鉴于实验过程中的相同逻辑。案例或实验的数量都不大可能太大，但是如果案例（或实验）能够相互验证，那么通过其所得出的结论也将更具说服力。相反，如果研究主要是侧重于从一个更大的总体中获得结论，则该使用抽样逻辑。在这种情况下，样本的选择是根据之前已经确定好的有代表性的标准，而且样本必须要足够大（通常不只是几个数据点）以满足具有统计效果的分析。

（详见 Yin，2009a，第 2 章"多案例研究：复现而非抽样逻辑"部分）

完成实地调查后，评估小组将收集的各个案例资料纳入正式的数据库中（根据研究方案中的主体组织起来的口述和数字资料集）。数据库同时记录每个案例的逻辑模型，显示每个案例的事件流，从技术援助前的既有条件到技术援助后的成效。这些逻辑模型代表真实的案例事件，因而也反映推测的因果流。数据库中的数据在访谈现场请接受访谈的人士过目，由其核对访谈记录的真实性、准确性，进行必要的订正或提出修正的建议，而所有的修改意见及评论都被整合到数据库的最终版本中。本章其余的部分将讨论技术援助的效果和多样性，考察竞争性解释，以及每个假设的发现。

记录结果,技术援助的类型及
对结果的几种可能的竞争性解释

与技术援助网络提供的技术援助行动有关的结果

表 15.1 简要概括了 8 个案例研究的结果。研究的最初目的,侧重于概述社区规划过程方面的结果。但一个意外发现是,技术援助行动的结果似乎已超出社区规划的过程,而影响到预防过程的下一阶段——提供艾滋病防治服务活动。

表 15.1(第一栏)显示,在 8 个案例中,有 7 个案例的技术援助行动确实影响了社区规划过程。例如,几乎所有案例都证明,技术援助行动能帮助社区规划组织更好的运转。而访谈和档案资料也进一步印证了这一结果。

表 15.1(第二栏)还表明,除佛罗里达州的两个案例外,技术援助行动的影响不只局限于社区规划的过程,还影响其他方面,包括要求社区规划组织或卫生部门向其他地方组织征求意见(密西西比州、北卡罗来纳州);把卫生服务扩展到少数民族裔(爱达荷州、蒙大拿州、犹他州);改进社区组织以改善或重建其防治方案等(蒙大拿州、内布拉斯加州)。

技术援助行动的结果,不仅仅局限于社区规划的过程,还影响到艾滋病预防服务的传送过程,这是评估小组之前所未预料到的,但也可认作是一个积极的结果。另外,由于 8 个案例的筛选方式,因而无法预测出现这一现象的频率。

技术援助行动是如何实现其最终结果的?

在 8 个案例中,技术援助活动的类型可能对为何产生这些结果作出解释。下面对技术援助的模式、技术援助的主题、技术援助受益者、技术援助网络的作用(见表 15.2 中的第 4 栏)进行了梳理。

表15.1 与技术援助网络提供的技术援助行动有关的结果

州 别	对社区规划过程的影响(1)			对服务的提供的影响(2)	
	更好地发挥社区规划组织的作用	规划的完善	更好的总体规划	分配艾滋病预防资源	实施艾滋病防治服务
佛罗里达州(全州)	增加社区规划组织成员对该区传染病概况的了解,这是下一步工作的基础	建立全州完整的传染病档案	—	—	—
佛罗里达州(迈阿密-戴德县)	曾经关系不佳的几个规划小组之间达成和解,形成共识	各郡实施新的法规,建立统一的规划组织;正在制定市级法令	—	—	—
爱达荷州	建立州级社区规划组织和7个区域性规划小组;州规划小组制定了章程	根据传染病资料确定优先服务人群	美国疾病控制与预防中心评估该州申请,此前与评估要求相抵触的申请,在1996、1997年符合要求	制定优先服务人群	拨款援助方案

续表

州别	对社区规划过程的影响(1)			对服务提供的影响(2)	
	更好地发挥社区规划组织的作用	完善规划的过程、步骤	形成详细的艾滋病防治方案	分配防治艾滋病的资源	实施艾滋病防治
密西西比州	4位非洲裔美国妇女加入了社区规划组织	卫生部门组织了更多的针对高危人群的论坛	—	社区规划组织在论坛之后即刻向公众征求意见,并实施以宣传艾滋病教育为主的文化自豪感项目	—
蒙大拿州	州级社区规划组织与美国原住民咨询委员会(NAAC)关系得到改善;提高NAAC对社区规划的参与度	州级社区规划小组选取以研究为基础的艾滋病预防干预措施;根据传染病档案资料安排防治的优先顺序	美国疾病控制与预防中心发现1996年的防治方案与社区规划大纲一致	7个原住民部落第一次收到针对艾滋病的医疗服务合约;14个郡的卫生部门及一家社区性组织也收到合约	预防服务是基于调查研究的
内布拉斯加州	参与者对社区规划及社区规划组织成员的责任义务有了更深入的理解,州社区规划组织与6个区域性规划小组的关系更加密切,合作更融洽	—	—	—	一些卫生当局提高或修订了防治方案

北卡罗来纳州	—	—	美国疾病控制与预防中心接受了该州方案—1998 年前的防治方案，此前的方案—直没有任何防治效果，因而被退回	社区规划组织分发了新的征求意见调查表	—
犹他州	社区规划组织制定了更完善的成员筛选程序；非洲裔美国人参与规划组织的人数有所增加	参加会议者帮助社区规划组织，制定了把防治方案延伸到少数民族区域的方法	—	两个面向少数民族地区的医疗卫生组织，向医疗当局提出了增加经费的申请；美国疾病控制与预防中心为其额外追加了经费	—

在技术援助提供的方式上，在 8 个案例中 7 个都涉及现场技术援助，这可能比其他的方式（如只提供材料或电话咨询等）具有更大的影响力。因此就存在一种可能，如果只提供"现场外"援助或以其他方式提供援助，也许就不可能产生这些结果。

表15.2 逐栏列举了 8 个案例中技术援助的特点。表的第1 栏显示，在 8 个案例中有 7 个都涉及现场技术援助，而且大多数案例中的技术援助都持续相当长一段时间，涉及多次现场事件。因而，这些案例都显示出长期技术援助的特征，这意味着如果技术援助持续的时间不够长，那么现在观察到的理想结果可能不会发生。

在技术援助的主题上，在 8 个案例中具有多样性，部分原因是在选择案例时有意选择多样性的案例。这样做的目的在于考察受援助案例是否局限于某一或某些方面的技术援助才能达到理想的效果，但研究的结果显示并不存在这样的局限性。

本研究还对技术援助的受益方以及技术援助网络的作用进行了考查，结果在意料之中：技术援助的对象通常包括公共卫生机构和社区规划组织；技术援助网络的参与组织分为两类，一种是由某一单一的技术援助组织负责所有的组织活动，并提供所有的技术支持（佛罗里达州全州、迈阿密戴德县、蒙大拿州和内布拉斯加州）；而另一种则是由多个技术援助组织共同合作，共同组织和提供技术支持（爱达荷州、密西西比州、北卡罗来纳州以及犹他州）。

需要解释的是，本案例研究很难界定技术援助的受益者，因为大多数情况下，技术援助的提供者认为他们是在向机构（如社区规划组织）提供技术援助；但实际上，技术援助提供者主要是在向一小撮个人进行知识传授。但是，无法收集到证实到底是哪个人从技术援助中获益的相关资料,甚至无法检验作为一个社区规划组织是否受到影响。

有关观察结果的竞争性解释

前述分析大致表明,技术援助网络的技术援助活动为什么会产生这些结果。为了进一步验证上文的论断,本案例研究还对这些结果提出几个竞争性解释并专门收集了相关资料。本文共对这8个案例提出4个竞争性解释,表15.3列出这4组解释以及收集到的资料。

数据显示,在这4个竞争性解释中,有3个(表15.3中的竞争性解释1、3、4)都找到了某些证据支撑。比如,竞争性解释3表明,一些互补性的条件,如除却技术援助网络以外的其他来源(如地方团体、咨询人员或卫生部门的人员等)也能提供技术支持这一情况,就出现在4个州(爱达荷州、蒙大拿州、北卡罗来纳州和犹他州)的案例中。然而,竞争性解释2并没有找到相应的证据支持,唯一找到的一个例子是发现其他的联邦项目也提供了技术援助,然而,这一援助是后来才提供的,且与观察的结果间并没有联系。

一般来说,任何一种竞争性解释都没有彻底推翻技术援助网络与观察结果之间的关联。相反,对竞争性解释的考察反而证实,尽管存在其他相关因素,但技术援助网络的工作与观察到的结果之间存在显著的联系。

表15.2 与8个案例相关的多种技术援助的形式

州别	模式（1）	技术援助的特征		技术援助网络的作用（4）
		主题（2）	受益者（3）	
佛罗里达州（全州）	两个月的现场技术援助，其后多次巡回指导，次年进行远程指导，另外在两次专题研讨会上进行现场指导	制定全州及两个地区的传染病分布图	主要是卫生部门中的性病、艾滋病、肺结核部门	州及区域流行病专家委员会独家安排并实施了这项技术援助，并指派一名专家负责，如果没有教育发展研究院的协作，这项工作无法记录和追溯
佛罗里达州（迈阿密-戴德县）	现场技术援助，再加上多次会议咨询及一次公开论坛	简化4个联邦项目间的艾滋病预防规划，建立合作模式	疾病防治指导委员会，地方卫生部门及其他地方（非州级）参与者	在教育发展研究院的安排与支持下，由一名外部顾问医生及两名同行提供技术援助
爱达荷州	除了由一家区域提供方提供的技术援助外，在会场提供密集的现场指导，并在会后提供远程技术援助	社区规划过程，制定传染病分布图，制定详细的防治计划	卫生服务部门以及所有加入州级及7个区域性社区规划组织的人员	教育发展研究院、州级区域流行病专家委员会和州级区域艾滋病主管全国联合会共同参与该项技术支持，各自组织负担自己的开支，但由教育发展研究院负责组织现场技术援助，并提供后续技术指导
密西西比州	现场技术援助，包括会议上的演示和材料	PIR，把艾滋病预防活动扩展到非裔美国妇女	卫生部门以及某个专门为非裔美国妇女提供医疗服务的机构	根据卫生部门要求，由教育发展研究院安排全国艾滋病学会和黑人妇女全国联合会的人员提供技术援助

蒙大拿州	3 次现场技术援助，每次持续几个月	确定优先顺序，进行评估及学习个人行为为科学	主要是社区规划组织及卫生部门	教育发展研究院实施技术援助，提供人员和顾问
内布拉斯加州	在 9 个月的时间内进行多次全州性和区域性现场技术援助	PIR，社区规划，损害控制，评估，"艾滋病 101" 及社会宣传	主要是社区规划组织及卫生部门	教育发展研究院实施技术援助，提供人员和顾问
北卡罗来纳州	在几个月中进行了数次远程技术援助，包括提供教材和信息	确定优先顺序，制定传染病分布图	两位在任的技术援助顾问（直接受益者）；社区规划组织（间接受益者）	应两个当地技术援助顾问的要求，州级区域艾滋病主管全国联合会，州级区域流行病专家委员会提供当地相关信息，对其进行培训，再由两位当地顾问向社会规划机构、卫生部门提供现场技术援助（卫生部门承担相关费用）
犹他州	在不同的年度中进行过多次现场技术援助	PIR，让医疗服务惠及少数族裔	卫生部门及社区规划组织	USMBHA 与卫生部门直接商定安排员工出席年会，教育发展研究院安排其人员及外部顾问提供技术援助

表15.3　8个案例结果的竞争性解释

竞争性解释1：即使没有技术援助网络的援助，社区规划组织也能达到同样的目标，只不过没有如此迅速和如此程度罢了。支撑该解释的部分例子如下：

- 虽然州政府也在更新自己的传染病分布图，但技术援助加速了这一工作的完成，而且在技术援助下完成的分布图质量极高，且对呈现和分析数据使用了创新性的方式。（佛罗里达——全州）
- 医疗部门的人员已经针对少数民族群体做出极大的努力，资助少数族裔。（犹他州）

竞争性解释2：重要的技术援助是由其他联邦机构提供的，而不是由技术援助网络提供的。对于这一解释，只找到一个相关例子，且这个例子还不支撑这一解释：

- 另一联邦项目也提供了技术援助。然而，这一援助是后来才提供的，且没有影响到要简化4个联邦项目的预防规划过程的计划。（迈阿密戴德县）

竞争性解释3：最重要的技术援助是由地方团体、咨询人员或卫生部门的人员提供的，而不只由技术援助网络提供。能支撑该解释的部分例子如下：

- 在技术援助网络提供技术支持的同时，卫生部门及社区规划组织也正通过一个地方技术援助团体支持会议管理、社区组织或会议策划。然而，尽管该地方技术援助团体促进了州的社区规划工作，但是，其能否提供与技术援助网络所提供的同类或同水平的技术援助，还是值得商榷。（爱达荷州、蒙大拿州）
- 技术援助网络帮助了两个地方技术援助提供方；而这两个技术援助提供方在一些互补性的主题上以各自的专长促进了这些结果的产生。（北卡罗来纳州）
- 不只是技术援助网络，卫生部门的人员同样也做出很大的努力，增进了少数民族群体在社区规划过程中的参与度，提高了对少数民族群体服务的针对性。（犹他州）

竞争性解释4：成为社区规划组织成员的条件并不是对等、包容和代表性（parity，inclusion，representation，PIR）。技术援助网络的工作促使社区规划组织改善其人员构成。唯一一个可部分支撑解释的例子是：

- 4个非裔美国妇女加入了社区规划组织；然而，她们当中只有两人是在参加过技术援助网络所支持一个拓展论坛后加入社区规划组织的，而其他两人则根本就没有参加过该论坛。（密西西比州）

有关技术援助成功原因的各个假设上的发现

　　除了收集有关这些观察结果的资料及证实其与技术援助网络间的关系假设外,本文还对在案例研究评估前的几个特定假设进行了考查,以对该技术援助网络有更进一步的理解。下文即讨论这些假设及其结论。

H₁:共同确定技术援助需要

　　　　技术援助的受助者和提供者(例如社区规划组织和技术援助网络中的援助提供者)共同确定援助内容,才能达到理想的援助效果。

　　研究发现:确定技术援助内容至少需要经历两个步骤。第一个步骤是确定需要援助什么。确定了需要援助的内容之后,第二步是对将援助内容进行详细的界定。研究人员在提出假设 1 时,并未对第一、第二步骤进行明确的区分。8 个案例辨清了这两个步骤,以及受助者和援助者在其中的作用。

　　关于第一个步骤,几乎技术援助网络的所有组织都证实,社区规划组织或美国疾病控制与预防中心的官员是第一步骤的主导者,是他们决定着需要援助哪些内容。援助者本身并未或很少参与这一过程,因此不存在共同确定援助内容之说。

　　关于第二个步骤,一些援助者确定参与了详细界定援助内容的工作。例如,某一援助者反复开会讨论援助的内容(如内布拉斯加州、爱达荷州)。然而,当社区规划组织代表并不完全了解社区规划组织所需要的技术援助,而援助者又必须与之进行合作时,问题就出现了。结果,后续的技术援助的界定和接受就无法尽如人意。8 个案例中,有 1 例就出现了这种情况(北卡罗来纳州)。对于第二个步骤来说,一个关键的问题是社区规划组织代表的身份和知识,他作为受援者界定着所需要的技术援助。

可能的结论:研究结果表明,为使技术援助效果最佳,必须充分考虑代表社区规划组织参加界定援助内容的人员的身份(及其职业素养)。根据社区规划组织内部学识素养参差不齐的程度,援助者如果听从一个或少数社区规划组织的建议来界定技术援助需求,那就要冒援助内容并不符合社区规划组织实际需要的风险。

弥补这一问题的制度性办法,是要求所有的社区规划组织指定一个二级委员会,全程参与上述两个步骤,确定援助内容。该二级委员会要负责联系援助者和社区规划组织,并代表社区规划组织参与技术援助规程,与地方性和区域性援助者共同合作。有了专门的负责监督工作的二级委员会,将能更充分体现社区规划组织的各种援助需求,建立起援助者和受助者之间联系的桥梁。

H_2:外部界定技术援助目标

当由外部来界定技术援助的目标时,如通过同行或美国疾病控制与预防中心对总计划的评审或通过美国疾病控制与预防中心项目顾问的监督活动,将能改善社区规划过程,制订的计划也更完善。

研究发现:不但受助者和援助者会影响技术援助活动,而且美国疾病控制与预防中心也会对技术援助进行外部干涉。卫生部门每年都要申请经费补助,美国疾病控制与预防中心在审查其申请报告时都要影响到技术援助过程。当来自外部机构的审查认为某州提交的计划不合格(如爱达荷州、蒙大拿州和犹他州),或者计划中的某部分,如优先顺序的安排(如蒙大拿州和北卡罗来纳州)不能令人满意时,该州就会要求提供技术援助。

如果技术援助的目标是经由外部确定的,那么此后出现的方案通常更能满足美国疾病控制与预防中心的要求。案例研究发现,社区规划过程也会得以改善,更能集中于预防疾病扩散的目标。表15.4例举的8个案例中,有半数的案例(佛罗里达州、爱达荷州、北卡罗来纳州、犹他州)出现这种情况:外部审查在确定技术援助目标方面起了重要的作用。

在实施技术援助的最初4年中,社区规划组织提出的所有计划几乎都满足了美国疾病控制与预防中心的要求。该中心的要求可以概括为五个核心目标(CDC,1998)。此外,美国疾病控制与预防中心不断在五个核心目标之上添加更多的要求,渐次提高对各地社区规划组织的要求(CDC,1998)。随着美国疾病控制与预防中心期望值的提高,社区规划方案也会更加详细,规划过程也会不断得以改善。

可能的结论:外部审查和技术援助能够持续不断地提高规划过程的质量。而且,美国疾病控制与预防中心应该注意及早对援助提供者发出信号,使其提前了解受助对象的要求。及早发出信息有利于技术援助者提前准备相应的专业素质,以便其有能力给相关机构提供高质量的技术援助。

H_3:援助者之间相互合作

当有多个援助者共同向社区规划机构提供技术援助时,如果这些援助者能够相互合作,则援助效果最佳。

研究发现:援助者之间的合作是指来自两个或多个机构的人员共同参与技术援助活动(这两拨人可以是职员也可以是顾问)。尽管此类援助只占全部援助中的很少一部分,但其发生的确切概率却不得而知。例如,教育发展研究院跟踪研究表明,该院的专家或顾问参与了几乎所有的援助活动,在8个案例中,几个机构相互合作共同提供援助的情形很普遍(见表15.4第二栏,8个案例中有4个出现了合作现象——爱达荷州、密西西比州、北卡罗来纳州和犹他州),但需注意的是,这8个案例不能代表技术援助网络所提供的所有援助。

表15.4　与 H_2、H_3、H_4 假设有关的技术援助活动的特点

州　别	H_2：美国疾病控制与预防中心的外部审查对于技术援助目标的影响程度	H_3：技术援助者来自多个多技术援助组织的程度	H_4：技术援助行动包含多种技术援助活动的程度
佛罗里达州（全州）	外部评审指出州的传染病案档案中存在四点不足之处	所有的技术援助都是由一家技术援助组织（CSTE）的员工提供	CSTE员工提供为期两个月的现场技术援助，随后又进行了两次实地考察，包括通过专题研讨会进行培训（即系列援助）
佛罗里达州（迈阿密-戴德县）	美国疾病控制与预防中心的外部评审对技术援助没有产生和影响	所有的技术援助都是由一家技术援助组织（教育与发展研究院）提供。援助者包括1名顾问和2名代表，都由该组织安排和资助	进行了几次技术援助（一次公开委员会会议、一次合作会议及一次地方最高级会议）。但所有活动都是同一技术援助活动的组成部分
爱达荷州	外部评审认为援助项目与社区规划大纲不一致	技术援助的提供者是来自3个不同的全国性技术援助组织及1家区域性技术援助组织的人员或咨询顾问	主要的技术援助活动是一次技术援助会议，但教育发展研究院在其后的两年里安排过后续技术援助
密西西比州	美国疾病控制与预防中心给该州卫生部门追加了资金，以支持其为少数族裔提供服务	技术援助的提供者是来自黑人妇女全国联合会和全国艾滋病学会，援助人员都由受援助者自己挑选	仅有一次技术援助活动，即技术援助论坛

蒙大拿州	外部评审认为州制定的方案与疾病控制与预防中心下发的社区规划大纲不一致	一个技术援助组与州卫生部门共同提供技术援助	技术援助包含3次活动,共历时1年
内布拉斯加州	美国疾病控制与预防中心的外部评审对技术援助没有产生影响	所有的技术援助都由教育院发展研究院提供,援助者都是该院的专家或顾问	技术援助包含多次技术援助活动,历时6个月
北卡罗来纳州	美国疾病控制与预防中心的外部评审退回了该州1996—1999年的方案,并特意指出该方案在设置优先顺序方面存在不足,该方案被视作"不能解决任何问题"	技术援助是由两家地方技术援助组织提供的。它们共同合作并接受来自两家全国性技术援助组织提供的远程技术援助	两家地方技术援助组织展开了一系列的技术援助活动,历时数月。社区规划组考虑如何制定今后三年的预防方案
犹他州	外部评审认为社区规划组织不符合要求1996年的总体规划	技术援助由"美国—墨西哥边境健康协会"专家及来自教育发展研究院的专家,顾问共同提供	技术援助包含多项活动,历时12个月

　　援助者曾报告说,他们很少合作,尤其是极少相互合作共同提供现场技术援助。这是因为相关各方日程安排不一致,协调起来难度大、成本高。另一位援助者注意到,只有当社区规划组织急需多方面、多领域的技术指导时,才比较有可能出现几个机构相互合作共同提供技术援助的情形。在 8 个案例中,这种情况至少发生过一次(爱达荷州),在该州,多个组织共同合作提供各种援助,以帮助其解决社区规划活动中存在的多个问题。

　　与此同时,几乎所有的援助者都表示,他们对于相互合作提供技术援助感到满意,因为每个援助者都乐于看到,其他人的工作将因自己的付出而变得更顺利、更有效。社区规划组织可以从合作援助所形成的催化效应中获得更大的利益。但是,也有一些技术援助组织极少与其他技术援助组织一起合作。

　　可能的结论:几个机构相互合作进行技术援助的成本非常高,这意味着如果组织一次合作援助,将占用好几次独立援助的资源。但是,合作援助成效比较大,尤其是当社区规划组织需要多方面、多领域的技术援助时,合作援助的成效更大。

　　所以,一个可能的解决办法是,参与技术援助网络的机构在每一财政年度的开始,都需要在制定单独援助计划之外,安排一次或几次合作援助计划。各机构在分配援助资源时,除了留出用于单独援助的资源之外,还需专门留出用于合作援助的资源。对有限的资源进行合理的分配,将有助于提高资源的利用效率。

　　好钢用在刀刃上。用于合作援助的有限资源应当用于社区规划组织需要相关机构提供两种或多种不同的技术援助时——如,PIR 和人口档案,或两个不同的少数民族群体之间产生竞争时,这样才能更充分地发挥代价高昂的合作援助的效用。

H$_4$:系列技术援助活动

　　一系列互为基础、相辅相成的技术援助连在一起,援助效果将更佳。

研究发现:"系列援助"的概念与技术援助网络使用的"长期援助"概念有相通之处。例如,教育发展研究院提供给社区规划组织的指导教材(AED,1995,p.7)中,把短期技术援助界定为地方性、区域性或全国性组织提供的有限电话咨询、一次性现场援助、不重复的一次性咨询活动,把长期技术援助界定为多次现场援助,或者地方性、区域性及全国性援助组织在一定时期内的合作。大多数援助提供者弄不清楚短期技术援助与长期技术援助之间的区别,因此也无法提供两者孰优孰劣的信息。

表15.4中的第三栏就上述两种情况对8个案例进行了整理。8个案例中,有6个涉及系列技术援助或长期技术援助(佛罗里达州全州、爱达荷州、蒙大拿州、内布拉斯加州、北卡罗来纳州和犹他州)。这种长期技术援助行动包括一次或一次以上的现场援助,持续但零星进行的电话咨询等(佛罗里达州全州);有些长期技术援助持续的时间达一年或多年(爱达荷州、犹他州);有些长期技术援助发生在美国疾病控制与预防中心的年度例行审查之后,或者在新计划开始实施之初(北卡罗来纳州)。

可能的结论:技术援助网络应当既提供单独的技术援助,也提供长期的系列技术援助,两种形式各有所长,不应偏重任何一种。技术援助网络应该在现场援助之后的两个月内,召开电话会议,与社区规划组织的代表、美国疾病控制与预防中心的项目主管、援助者三方共同讨论后续的援助内容。教育发展研究院目前遵循这种方式,但其他援助组织并未如此。这样做的目的,是向社区规划组织提供更好的技术援助,制定更具针对性的援助方案,而且后续技术援助也可能涉及技术援助网络或地方性技术援助组织。

H_5：与其他联邦机构的合作

技术援助网络与其他有关预防艾滋病或社区规划的联邦机构合作，共同提供成功的技术援助。

研究发现：在8个案例中，艾滋病预防社区规划工作与其他联邦机构提供的社区规划与预防项目进行合作的例子并不多，技术援助的成员们也没有提及。但在一个案例中（迈阿密戴德县），人们认为这种合作能带来益处，并专门颁布了一项地方法令，建立一个单一的规划机构负责与4个联邦项目的协调工作，其中包括美国疾病控制与预防中心的项目。

社区规划组织和技术援助者相信，联邦机构在鼓励别人进行整合之前，本身首先需要进行整合。各种联邦机构的要求并不一致，至今并未完成整合。因此可能会出现这样的后果：政出多门，社区规划组织穷于应付，完全陷入一系列事务性问题之中——而如果联邦机构事前进行整合的话，所有这些问题都是可以避免的。

可能的结论：在尝试要求技术援助网络与其他联邦机构进行整合之前，都要仔细考虑，慎重行事。除非技术援助网络与其他联邦机构的工作要求及工作程序都表现出明显的相容性质，否则在地方层次进行任何整合都是件事倍功半的苦差事。

H_6：向全国性技术援助机构通报技术援助网络的工作

向全国性技术援助组织通报技术援助网络的工作概况，能够使技术援助网络的工作更有成效。

研究发现：技术援助行动通常只关注于单一的方面，比如需求评估、传染病档案、PIR或冲突解决等。一些技术援助提供者不一定了解技术援助过程中的其他方面，尤其是不知道社区规划组织是否曾经受到过其他技术援助组织的指导。例如，技术援助机构报告称，在实施技术援助的准备阶段，既不存在要求受助者如实报告此前受助经验的正式规定，也不存在要求援助者探索同类援助先例的正式规定；既不存在要求向其他援助机构通报自己援助进度的正式规定,也不存在能够完整记录援助组织实施过哪些援助项目的数据库。

随着援助的深入,技术援助网络的所有成员渐渐开始了解除他们之外,还有哪些机构正在从事哪些援助。这有两个积极作用:首先,他们对问题的诊断能力得以提高,因此更有利于推荐合适的机构来解决相关的问题,技术援助的效果很可能因此而提高。其次,至少有一个技术援助组织报告说,在实施技术援助时,了解其他机构技术援助组织的工作进程,有利于把本人的技术援助活动与其他援助者的工作联系起来。在该案例中,当援助者了解到其他机构正在进行需求评估和确定优先项目后,认为更有必要帮助援助对象调查传染病分布状况,以使传染病分布状况能更好地与需求评估和确定优先项目联系起来。

可能的结论:技术援助网络一直主要通过非正式程序来共享有关信息,尽管一些更为正式的共享方式已经开始出现,例如,技术援助者每月召开的电话会议,及专门安排的面对面会晤和其他专业会议。技术援助提供方将这种会议和年度会晤作为他们工作对话的契机。未来应当继续鼓励这些及其他的信息共享举措。

H_7:主动与被动技术援助

既需要主动的技术援助,也需要被动的技术援助。

研究发现:以往,技术援助者常常采取一种被动的姿态,至少在提供现场技术援助方面是这样的,而且他们并不认为自己应当采取主动姿态。换句话说,尽管可以通过一般的渠道使援助对象了解提供援助的意向(包括分发宣传手册、与美国疾病控制与预防中心项目沟通主管进行交流及其他的口头宣传方式等),但援助者并未向特定的社区规划组织主动表明提供技术援助的意愿。

当社区规划组织提出的方案被证明与美国疾病控制与预防中心的大纲不一致时,才最有可能出现主动的技术援助。在有些情况下,美国疾病控制与预防中心的官员会提醒社区规划组织寻求技术援助网络的援助。就这一意义来说,美国疾病控制与预防中心可被看作是最活跃的代理人(如爱达荷州和犹他州),这也可以被看做是主动的技术援助。

可能的结论:除非美国疾病控制与预防中心制定更为详细的主动援助细则,否则,只有在社区规划组织提交的方案不符合美国疾病控制与预防中心的要求时,才可能出现主动援助的情况。

H_8:长期技术援助规划

在其他条件相同的情况下,如果社区规划组织参与了长期技术援助规划,其规划过程才能更为成功。

研究发现:在 8 个案例中,没有发现哪一个社区规划组织制定过长期的技术援助规划。在一些案例中,出现过成立专门的规划小组来协调四个联邦项目的事例(迈阿密戴德县),它所涉及的问题带有长期计划的性质,但是技术援助本身并不是长期性的。至少有一个案例(北卡罗来纳州)显示了对长期规划的需求:从之前的计划中或未来趋势看,社区规划组织的成员十分关心如何开展下一期预防计划。但是,并没有建立机制预测可能出现的技术援助的特定需求。

可能的结论:与上文假设 1 中一样,如果在社区规划组织中设立一个常设的二级委员会或特别工作小组,由其担任协调组织工作,那么就可以提高技术援助的连续性。该二级委员会可以界定和规划长期技术援助,这将给几乎所有的社区规划组织带来好处。

幕后故事:从社会网络收集资料

　　研究正式的人际或组织网络,可能会为你的研究带来其他障碍。尤其是,尽管你的研究可能旨在于区分该网络中的不同角色,但是该网络中成员可能更倾向于展现出一种更统一的形象。

　　比如,本章主要以某组织网络为对象,在该网络中,一些组织向他人提供技术援助。然而,因为担心案例研究评估可能会得出结论,认为其网络需要作出某种转变,所以服务提供者和受益者可能并不想透露他们在援助过程中所遇到的实际困难。尽管双方援助过程中可能会遇到一些问题,但服务提供者和受益者可能都已适应彼此目前的状态,因而他们会将任何的改变视作对这一网络现存状态的威胁。

　　如果在研究过程中,你直接面临这些问题的话,那么就冒着整个网络消极回应并破坏整个研究的风险。因此,你需要多花一点时间在实地研究中,并以耐心和礼貌的方式进行研究。在实地研究中,你的态度和直率将起到很大的作用。

课堂讨论和书面作业

　　讨论在对正式组织网络,包括同一组织中的人员进行研究的过程中,应当如何取得他们的信任。在一些有名的案例研究中,一种常用的策略便是从该组织中寻找一个关键的"线人",帮你建立起组织对你的信任。讨论在与该线人建立关系的过程中,可能会遇到哪些困难,同时对应该如何与组织网络及正式群体打交道提出几点建议。

参考
文献

Academy for Educational Development. (1995). *Technical assistance briefing book for community planning groups*. Washington, DC: Author.

Alisky, Saul D. (1946). *Reveille for radicals*. Chicago, IL: University of Chicago Press.

Alisky, Saul D. (1971). *Rules for radicals: A Primer for realistic radicals*. New York, NY: Random House.

Alison, Graham T. (1971). *Essence of decision: Explaining the Cuban missile crisis*. Boston, MA: Little, Brown.

Alison, Graham T., & Zelikow, Philip. (1999). *Essence of decision: Explaining the Cuban missile crisis* (2nd. ed.). New York, NY: Addison-Wesley Longman.

Bradshaw, Ted K (1999). *Communities not fazed: Why military base closures may not be catastrophic. Journal of American Planing Association*, 65, 193-206. [An abridged version of this article appears in Robert K. Yin, ed., 2004, pp. 233-249]

Bromley, D. B. (1986). *The case-study method in psychology and related disciplines*. Chichester, Great Britain: Wiley.

Buraway, Michael. (1991). *The extended case method. In Michael Buraway et al. (Eds.) Ethnography unbound: Power and resistance in the modern metropolis* (pp. 271-287). Berkeley, CA: University of California Press.

Bickman, Leonard. (1987). *The functions of program theory. In L. Bickman (Ed.), Using program theory in evaluation: New directions for program evaluation* (pp. 5-18). San Francisco: JosseyBass.

Campbell, Donald T., & Stanley, Julian. (1966). *Experimental and quasi-experimental designs for research*. Chicago, IL: Rand McNally.

Centers for Disease Control and Prevention. (1998, February). *External review of FY98 HIV prevention cooperative agreement applications: Summary of process and findings*. Atlanta, GA: Author.

Chen, Huey-tsyh. (1990). *Theory-driven evaluations*. Newbury Park, CA: Sage.

Chen, Huey-tsyh, &Rossi, PeterH. (1989). *Issues in the theory driven perspective. Evaluation and Program Planning*, 12(4), 299-306.

Cook, Thomas D., & Campbell, Donald T. (1979). *Quasi-experimentation: Design and analysis issues for field settings*. Chicago, IL: Rand McNally.

Corbin, Juliet, & Strauss, Anselm. (2007). *Basic of qualitative research: Techniques and procedures for developing grounded theory* (3rd. ed.). Thousand Oaks, CA: Sage.

COSMOS Corporation. (1985, December). *Attracting high-technology firms to local areas: Lessons from nine high-technology and industrial parks.* Bethesda, MD: Author.

COSMOS Corporation. (1986, September). *Managing for excellence in urban high schools: District and school roles.* Bethesda, MD: Author.

COSMOS Corporation. (1989, September). *Interorganizational partnerships in local job creation and job training efforts: Six case studies.* Bethesda, MD: Author.

COSMOS Corporation. (1996, November). *The National Science Foundations FastLane System baseline data collection: Cross case report.* Bethesda, MD: Author.

COSMOS Corporation. (1999, July). *Final report for the evaluation of the CDC supported technical assistance network for community planning.* Vol. I. Bethesda, MD: Author.

COSMOS Corporation. (2001, March). *National evaluation of the local law enforcement block grant program: Final report for Phase I.* Bethesda, MD: Author.

Creswell, John W. (2007). *Qualitative inquiry and research design: Choosing among five approaches*(2nd ed.). Thousand Oaks, CA: Sage.

Cronbach, Lee J. (1975). *Beyond the two disciplines of scientific psychology. American Psychologist*, 30, 116-127.

Downs, George W., Jr., & Mohr, Lawrence. (1976, December). *Conceptual issues in the study of innovation.* Administrative Science Quarterly, 21, 700-714.

Duneier, Mitchell. (1999). *Sidewalk.* New York, NY: Farrar, Straus, & Giroux.

Garvin, D. A. (1993, July-August). *Building a learning organization.* Harvard Business Review, 78-91.

Ginsburg, Alan L. (1989, December). *Revitalizing program evaluation: The U. S. Department of Education experience. Evaluation Review*, 13, 579-597.

Glaser, Barney G., & Strauss, Anselm L. (1967). *The discovery of grounded theory: Strategies for qualitative research.* Chicago: Aldine.

Hayes, R. H., & Pisano, G. p. (1994, January February). *Beyond world class: The new manufacturing strategy.* Harvard Business Review, 77-86.

Henrich, Joseph, Heine, Steven J., & Norenzayan, Ara. (2010). *The weirdest people in the world? Behavioral and Brain Science*, 33, 61-83.

Herson, Michel, & Barlow, David H. (1976). *Single-case experimental designs: Strategies for studing behavior.* New York, NY: Pergamon.

Hooks, Gregory. (1990). *The rise of the Pentagon and U. S. state building: The defense program as industrial policy. American Journal of Sociology*, 96, 358-404. [An abridged version of this article appears in Robert K Yin. Ed., 2004, pp. 69-83]

Jacobs, Ronald N. (1996). *Civil society and crises: Culture, discourse, and the Rodney King beating. American Journal of Sociology*, 101, 1 238-1272. [An abridged version of this article appears in Robert K Yin. Ed., 2004, pp. 155-178]

Kellogg Foundation. (2004). *Using logic models to bring together planning, evaluation, and action: logic model development guide.* Battle Creek, MI:

Auther.

Kelly, Anthony E. ,& Yin,Robert K. (2007). *Strengthing structured abstracts for education research: The need for claim-based structured abstracts*. Educational Researcher,36,133-138.

Kotter,J. P. (1995 , March-April). *Leading change: Why transformation efforts fail*. *Harvard Business Review*,59-67.

Lincoln,Yvonna S. , & Guba, Egon G. (1985). *Naturalistic inquiry*. *Thousand Oaks*,CA:Sage.

Marwell, Nicole P. (2004). *Privatizing the welfare state: Nonprofit community-based organizations as political actors*. American Sociological Review, 69, 265-291.

Maxwell, Joseph A. (1996). *Qualitative research design: An interactive approach*. Thousand Oaks,CA:Sage.

Miles, Matthew B. ,& Huberman, A. Michael. (1994). *Qualitative data analysis* (2nd ed.). Thousand Oaks,CA:Sage.

Mohr,Lawrence. (1978 , July). *Process theory and variance theory in innovation research. In Michael Radnor et al. (Eds.)*, The diffusion of innovations: An assessment. Evanston,IL:Northwestern University.

Pascale,R. ,Milleman,M. , & Gioja,L. (1997 ,December). *Changing the way we change*. Harvard Business Review,127-139.

Patton, Michael Quinn. (2002). *Two decades of developments in qualitative inquiry*. Qualitative Social Work,1,261-283

Pyecha, John N. , et al. (1988). *A case study of the application of noncategorical special education in two states. Research Triangle Park*, NC:Research Triangle Institute. (Robert K. Yin collaborated in the design, conduct, and analysis of the research.)

Raynor,B. (1992 ,May-June). *Trial-by-fire transformation: An interview with Globe Metallurgical's Arden C. Sims. Harvard Business Review*,117-129.

Reichardt, Charles S. , & Mark, Melvin M. (1998). *Quasi-experimentation. In Leonard Bichman& Debra J. Rog(Eds.)*, Handbook of applied social research methods(pp. 193-228). Thousand Oaks,CA:Sage.

Rosen, Paul R. (2002). *Observational studies*(2nd ed.). New York, NY:Spriner.

Rosenthal, Robert. (1966). *Experimenter effects in behavioral research*. New York, NY:Appleton-Century-Crofts.

Scheim,Edgar. (2003). *DEC is dead, long live DEC: Lessons on innovation, technology,and the business gene*. San Francisco, CA:Berrett-Koehler.

Shavelson, Richard, & Towne, Lisa. (2002). *Scientific research in education*. Washington,DC:National Academy Press.

Small, Mario L. (2006). *Neighorhood institutions as resource brokers: Childcare centers,inter-organizational ties, and resource access among the poor*. Social Problems,53,274-292.

Small, Mario L. (2009). How many cases do I need? On science and the logic of case selection in field-based research. Ethnography,10,5-38.

Streiner, David L. ,& Sidani, Souraya(Eds.). (2010). *When research goes off you rails: what happens and what can do about it*. New York,NY:Guilford.

Supovitz, J. A. , &Tayler, B. S. (2005). Systemic education evaluation: Evaluating the impact of systemwide reform in education. American Journal of Education, 26,204-230.

Sutton, R. I. , &Stew, B. M. (1995). *What theory is not. Administrative Science Quarterly*,40,371-384.

Trochim, William M. K. (1989). *Outcome pattern matching and Program theory. Evaluation and Program Planning*,12(4),355-366.

Upton, D. M. (1995, July-August). *What really makes factories flexible.* Harvard Business Review,74-84.

U. S. Government Accounting Office. (1990). *Case study evaluations.* Washington, DC: Government Printing Office.

Wholey, J. (1979). *Evaluation: Performance and promise. Washington*, DC: The Urban Institute.

Van Maanen, John. (1988). *Tales of the field: On writing ethnography.* Chicago, IL: University of Chicago Press.

Walker, Edward T. , & McCarthy, John D. (2010). *Legitimacy, strategy, and resource in the survival of community-based organizations. Social Problems*,57, 315-340.

Watson, Dennis. (2010). *Community-based participatory research: A lesson in humility. In David L. Streiner& Souraya Sidani (Eds.), When research goes off the rails: What happens and what you can do about it* (pp. 254-262). New York, NY: Guiford.

Wholey, Joseph. (1979). *Evaluation: Performance and promis.* Washington, DC: The Urban Institute.

Yin, Robert K. (1981a, September). *The case study as a serious research strategy. Knowledge: Creation, Diffusion, Utilization*,3,97-114.

Yin, Robert K. (1981b, March). *The case study crisis: Some answers . Administrative Science Quarterly*,26,58-65.

Yin, Robert K. (1981c, January/February). *Life histories of innovations: How new practices become routinized. Public Administration Review*,41,21-28.

Yin, Robert K. (1991, Fall). *Advancing rigorous methodologies: A review of "Towards rigor in reviews of multivocal literatures," Review of Educational Research*,61,299-305.

Yin, Robert K. (1982, September/October). *Studying Phenomenon and context across sites. American Behavioral Scientist*,26,84-100.

Yin, Robert K. (1984/1989/1994). *Case study research: Design and methods.* Newbury Park, CA: Sage.

Yin, Robert K. (1992). *The role of theory in doing case studies . In Huey-styh Chen & Peter H. Rossi (Eds.), Using theory to improve program and policy evaluations* (pp. 97-114). Westport, CT: Greenwood Publishing.

Yin, Robert K. (2000). *Cross-case analysis of transtormed firms. In More transformed firms case studies* (pp. 109-123). Gaithersburg, MD: U. S. Department of Commerce, National Institute of Standards and Technology.

Yin, Robert K. (2003). *Case study research: Design and methods* (3rd ed). Thousand Oaks, CA: Sage.

Yin, Robert K. , & Gwaltney, Margaret K. (1981, June). *Knowledge utilization as a networking process*. Knowledge: Creation, Diffusion, Utilization, 2, 555-580.
Yin, Robert K. , &Moore, Gwendolyn B (1998, Fall). *Lessons on the utilization of research from nine case experiences in the natural hazards field* . Knowledge in Society: The International Journal of Knowledge Transfer, 1, 25-44.
Yin, Robert K. , & White, J. Lynne. (1985). *Microcomputer implementation in schools*: Findings from twelve case studies. In Milton Chen & William Paisley (Eds.), Children and microcomputers: Research on the newest medium (pp. 109-128). Beverly Hills, CA: Sage.
Yin, Robert K. et al. (1979). *Changing urban bureaucracies*: How new practices become routinized. Lexington, MA: Lexington Books.
Yin, Robert K. (2000). *Rival explanations as an alternative to "reforms as experiments."* In Leonard Bickman (Ed.), Validity and social experimentation: Donald Campbell's legacy (pp. 239-266). Thousand Oaks, CA: Sage.
Yin, Robert K. (Ed.). (2004). The case study anthology. Thousand Oaks, CA: Sage.
Yin, Robert K. (Ed.). (2005). Introducing the world of education: A case study reader. Thousand Oaks, CA: Sage.
Yin, Robert K. (2006). Case study methods. In Judith L. Greene, Gregory Camilli, & Patricia Elmore (Eds.), Handbook of complementary methods in education research (3rd ed., pp. 111-122). Washington, DC: American Educational Research Association.
Yin, Robert K.. (2009a). Case study research: Design and methods (4th ed.). Thousand Oaks, CA: Sage.
Yin, Robert K. (2009b). *How to do better case study. In Leonard Bickman& Debra J. Rog* (Eds.), The SAGE handbook of applied social research methods (2nd ed., pp. 254-282). Thousand Oaks, CA : Sage.
Yin, Robert K. (2010a). Case study methods. In Harris Cooper (Ed.), APA handbook of research methods in psychology (ppxxx-xxx). Washington, DC: American Psychological Association.
Yin, Robert K. (2010b). *Qualitative research from start to finish*. New York, NY: Guiford.
Yin, Robert K. &Davis, Darnella. (2007). Adding new dimensions to case study evaluations: The case of evaluating comprehensive reforms. In Grorge Julnes & Debra J. Rog(Eds.), *Informaing fedral policies on evaluation methodology* (New Directions in Program Evaluation No. 113, pp. 75-93). San Francisco, CA: Jossey-Bass.
Yin, Robert K. , & Gwaltney, Margaret K. (1981, June). Knowledge utilization as a networking process. *Knowledge: Creation, Diffusion, Utilization*, 2, 555-580.
Yin, Robert K. , & Moore, Gwendolyn B. (1988, Fall). Lessons on the utilization of research from nine case experiences in the natural hazards field. Knowledge in Society: The International Journal of Knowledge Transfer, 1, 25-44.

万卷方法®

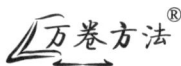

知识生产者的头脑工具箱

很多做研究、写论文的人，可能还没有意识到，他们从事的是一项特殊的生产活动。而这项生产活动，和其他的所有生产活动一样，可以借助工具来大大提高效率。

万卷方法是为辅助知识生产而存在的一套工具书。

这套书系中，

有的，介绍研究的技巧，如《会读才会写》《如何做好文献综述》《研究设计与写作指导》《质性研究编码手册》；

有的，演示 STATA、AMOS、SPSS、Mplus 等统计分析软件的操作与应用；

有的，专门讲解和梳理某一种具体研究方法，如量化民族志、倾向值匹配法、元分析、回归分析、扎根理论、现象学研究方法、参与观察法等；

还有，

《社会科学研究方法百科全书》《质性研究手册》《社会网络分析手册》等汇集方家之言，从历史演化的视角，系统化呈现社会科学研究方法的全面图景；

《社会研究方法》《管理学问卷调查研究方法》等用于不同学科的优秀方法教材；

《领悟方法》《社会学家的窍门》等反思研究方法隐蔽关窍的慧黠之作……

书，是人和人的相遇。

是读者和作者，通过书做跨越时空的对话。

也是读者和读者，通过推荐、共读、交流一本书，分享共识和成长。

万卷方法这样的工具书很难进入豆瓣、当当、京东等平台的读书榜单，也不容易成为热点和话题。很多写论文、做研究的人，面对茫茫书海，往往并不知道其中哪一本可以帮到自己。

因此，我们诚挚地期待，你在阅读本书之后，向合适的人推荐它，让更多需要的人早日得到它的帮助。

我们相信：

每一个人的意见和判断，都是有价值的。

我们为推荐人提供意见变现的途径，具体请扫描二维码，关注"重庆大学出版社万卷方法"微信公众号，发送"推荐员"，了解详细的活动方案。